MINISTÈRE DE L'INSTRUCTION PUBLIQUE
ET DES BEAUX-ARTS

MANUEL

D'EXERCICES GYMNASTIQUES

ET

DE JEUX SCOLAIRES

ILLUSTRÉ DE NOMBREUSES FIGURES DANS LE TEXTE

PARIS

LIBRAIRIE HACHETTE ET Cᵢᵉ

79, BOULEVARD SAINT-GERMAIN, 79

23724. — Imprimerie Lahure, rue de Fleurus, 9, à Paris. — 12-91.

MANUEL

D'EXERCICES GYMNASTIQUES

ET DE JEUX SCOLAIRES.

PARIS.

LIBRAIRIE HACHETTE ET Cⁱᵉ,

BOULEVARD SAINT-GERMAIN, Nᵒ 79.

MINISTÈRE DE L'INSTRUCTION PUBLIQUE
ET DES BEAUX-ARTS.

MANUEL

D'EXERCICES GYMNASTIQUES

ET

DE JEUX SCOLAIRES.

PARIS.

IMPRIMERIE NATIONALE.

M DCCC XCII.

C.

TABLE DES MATIÈRES.

Pages.

Arrêté relatif à la composition de la commission de gymnastique.. IX

Arrêtés relatifs aux programmes de l'enseignement de la gymnastique dans les écoles de l'État..................... XI

Avant-propos.. 1

§ 1. Conseils pratiques sur le choix, l'enseignement et l'exécution
des exercices gymnastiques. — Gymnastique de développement. — Gymnastique d'application................. 6

§ 2. Plan de la leçon de gymnastique. — Différence suivant les
sexes.. 14

§ 3. Rôle du maître et mesures d'ordre.................. 19

§ 4. Du vêtement et des appareils de gymnastique. — Liste des
appareils pour les diverses catégories d'établissements scolaires.. 20

LIVRE PREMIER.

MANUEL D'EXERCICES GYMNASTIQUES.

PREMIÈRE PARTIE.

GYMNASTIQUE DE DÉVELOPPEMENT.

CHAPITRE I.

DÉFINITIONS.

Art. 1. Stations et attitudes fondamentales.............. 27

2. Mouvements des articulations du squelette.......... 33

3. Des commandements............................... 42

4. De la cadence des mouvements commandés.......... 42

B.

CHAPITRE II.

FORMATIONS.

Art. 1. Des distances....................................... 43

2. Des exercices d'ordre.............................. 45

3. Marches et évolutions.............................. 46

CHAPITRE III.

MOUVEMENTS D'ENSEMBLE LES MAINS LIBRES.

Art. 1. Mouvements d'ensemble combinés................ 53

2. Sautillements..................................... 60

3. Danses.. 63

4. Exercices d'équilibre............................. 63

5. Exercices préparatoires à la natation............ 67

CHAPITRE IV.

MOUVEMENTS D'ENSEMBLE AVEC INSTRUMENTS PORTATIFS.

Art. 1. Mouvements exécutés avec les haltères......... 71

2. Mouvements spéciaux exécutés avec les barres à sphères.. 72

3. Mouvements exécutés avec les massues............. 79

4. Luttes et oppositions deux à deux................ 85

CHAPITRE V.

Art. 1. Boxe française................................. 94

2. Bâton... 103

3. Canne... 113

CHAPITRE VI.

MOUVEMENTS AUX APPAREILS DE SUSPENSION ET D'APPUI.

Art. 1. Petites échelles jumelles..................... 122

2. Perches mobiles et fixes......................... 129

3. Mouvements à l'échelle et aux barres horizontales à hauteur de suspension................................... 133

Art. 4. Mouvements sur les barres ou sur l'échelle horizontale à
hauteur d'appui.................................... 136

5. Échelle inclinée.................................. 139

6. Échelle avec planche dorsale...................... 143

DEUXIÈME PARTIE.

GYMNASTIQUE D'APPLICATION.

CHAPITRE VII.

DE LA LOCOMOTION NORMALE.

Art. 1. De la marche.............................. 146

2. Des courses 148

3. Des sauts................................. 151

CHAPITRE VIII.

SAUTS AU MOYEN D'INSTRUMENTS.

Art. 1. Sauts à la perche.......................... 162

2. Sauts avec appui des mains................. 164

3. Tabouret-sautoir à arçons.................. 167

CHAPITRE IX.

DU GRIMPER.

Art. 1. Mât vertical.............................. 170

2. Échelle de corde.......................... 171

3. Corde lisse verticale...................... 172

CHAPITRE X.

EXERCICES PRATIQUES EN VUE DES SAUVETAGES.

Art. 1. Passe-rivière 175

2. Poutre horizontale........................ 176

3. Corde inclinée 180

4. Perche amorosienne....................... 181

5. Planche d'assaut.......................... 183

ART. 6. Planche à rétablissements 183

7. De la natation 187

8. Du canotage 190

9. Du transport des fardeaux ou des blessés 192

CHAPITRE XI.

De l'escrime 199

CHAPITRE XII.

Des promenades et excursions scolaires 221

—

LIVRE II

MANUEL DE JEUX SCOLAIRES.

I

JEUX RÉCRÉATIFS.

II

JEUX GYMNASTIQUES.

1° Jeux d'intérieur 232

2° Jeux de plein air 245

—

APPENDICE

CONTRÔLE DES RÉSULTATS OBTENUS AU MOYEN DES MENSURATIONS. 273

ARRÊTÉ.

ARRÊTÉ

INSTITUANT UNE COMMISSION CHARGÉE DE REVISER LES PROGRAMMES
RELATIFS À L'ENSEIGNEMENT DE LA GYMNASTIQUE.

(18 octobre 1887.)

———

Le Ministre de l'Instruction publique et des Beaux-Arts

Arrête :

Sont nommés membres de la Commission chargée de reviser les programmes relatifs à l'enseignement de la gymnastique :

MM. Marey, membre de l'Institut, professeur au Collège de France, *président.*

Jacoulet, inspecteur général de l'instruction publique, directeur de l'École de Saint-Cloud, *vice-président.*

Buisson, directeur de l'Enseignement primaire.

le Dr Blatin, député.

le commandant Bonnal.

Garriot, directeur de l'Enseignement primaire de la Seine.

le commandant Castex.

le Dr Paul Chénon.

Crinon, professeur de gymnastique au collège Sainte-Barbe.

Cruciani, professeur de gymnastique au lycée Saint-Louis.

le colonel Dally.

G. Demeny, préparateur au Collège de France [1].

le Dr François Frank, membre de l'Académie de médecine.

Féry d'Esclands, conseiller-maître à la Cour des comptes, inspecteur général de la gymnastique et des exercices militaires.

de Galembert, chef de bureau au Ministère de l'instruction publique.

———

[1] M. Demeny a rempli les fonctions de rapporteur de la Commission

ARRÊTÉ.

Goerr, chef de bureau au Ministère de l'instruction publique.

le Dʳ Fernand Lagrange.

Lenoy, chef de bureau du Ministère de l'instruction publique

Louis, ancien capitaine des sapeurs-pompiers de Paris.

le Dʳ A.-J. Martin, auditeur au Comité consultatif d'hygiè
blique.

Eugène Paz.

le Dʳ Quénu, professeur agrégé à la Faculté de médecine de

Aristide Rey, député.

Sansboeuf, président de l'Union des sociétés de gymnastiq
France.

Streilly, professeur agrégé au lycée Louis-le-Grand,

Sabatié, rédacteur au Ministère de l'instruction publique, sec

---

Nommé par arrêté ultérieur.

PROGRAMMES

DE L'ENSEIGNEMENT DE LA GYMNASTIQUE

DANS LES ÉTABLISSEMENTS DE L'ENSEIGNEMENT PRIMAIRE ET DE L'ENSEIGNEMENT SECONDAIRE.

ENSEIGNEMENT PRIMAIRE [1].

I

ÉCOLES MATERNELLES ET CLASSES ENFANTINES.

PROGRAMME DE L'ENSEIGNEMENT DE LA GYMNASTIQUE.

(Arrêté du 8 août 1890.)

1re section (de 2 à 4 ans). — Rondes, marches, jeux variés (balle, cerceau), mouvements rythmiques, jeux mimiques accompagnés de chants.

2e section (de 4 à 6 ans). — Continuation des exercices précédents. — Jeux variés (corde, balle, cerceau, etc.) — Premiers exercices d'ordre (formation des rangs, marches, ruptures et rassemblements).

3e section (*classes enfantines*) [de 6 à 8 ans]. — Continuation et perfectionnement des exercices précédents. — Jeux variés (corde, balle, cerceau, etc.). — Premiers exercices d'ordre (formation des rangs, marches, ruptures et rassemblements, etc.) [2].

---

[1] On suivra pour les exercices gymnastiques le manuel publié par le Ministère de l'instruction publique.

[2] On se conformera, pour le temps à consacrer aux exercices corporels à l'école maternelle, aux dispositions du règlement général sur ces sortes d'établissements.

II

ÉCOLES PRIMAIRES ÉLÉMENTAIRES]
DE GARÇONS ET DE FILLES.

PROGRAMME DE L'ENSEIGNEMENT DE LA GYMNASTIQUE.
(Arrêté du 8 août 1890.)

Le temps consacré chaque jour aux exercices physiques doit être de *deux heures*, sur lesquelles on réservera à la gymnastique une *demi-heure* au moins pour les enfants au-dessous de dix ans, *trois quarts d'heure* au moins pour les enfants au-dessus de dix ans. Ce temps serait avantageusement réparti en deux séances. Les travaux manuels pas plus que les exercices militaires spéciaux (maniements d'armes) ne pourront être considérés comme leçons de gymnastique.

ÉCOLES DE GARÇONS.

COURS ÉLÉMENTAIRE.

Évolutions. — Premiers mouvements rythmés. — Jeux variés (corde, balle, cerceau, etc., et jeux impliquant l'action de courir. — Premiers exercices d'ordre. — (Formation des rangs, marches, ruptures et rassemblements, etc.). — Sauts divers, à l'exclusion du saut en profondeur.

COURS MOYEN.

Jeux. — Mouvements élémentaires sans appareils. — Continuation des exercices d'ordre. — Marches rythmées. — Doublement. — Dédoublement. — Mouvements élémentaires de la boxe française. — Planche d'assaut. — Natation.

COURS SUPÉRIEUR.

Jeux. — Promenades scolaires. — Continuation des exercices indiqués pour le cours moyen. — Évolutions à la course cadencée. — Mouvements d'ensemble avec instruments appropriés à l'âge des enfants. — Suite des exercices de boxe. — Bâton, canne. — Exercices deux à deux avec cordes ou barres. — Exercices aux échelles (échelle horizontale, échelle inclinée, échelle avec planche dorsale, échelles jumelles) [1]. — Perches verticales fixes par paire. — Poutre horizontale. — Mât vertical.

---

[1] Deux échelles spéciales suffisent pour réaliser les principaux exercices.

ÉCOLES DE FILLES.

Mêmes exercices que dans les écoles de garçons, à l'exception de la boxe, du bâton et de la canne, qui seront remplacés par la danse et des jeux spéciaux.

III

ÉCOLES PRIMAIRES SUPÉRIEURES
ET COURS COMPLÉMENTAIRES DE GARÇONS ET DE FILLES.

PROGRAMME DE L'ENSEIGNEMENT DE LA GYMNASTIQUE.

(Arrêté du 8 août 1890.)

ÉCOLES PRIMAIRES SUPÉRIEURES DE GARÇONS.

PREMIÈRE ANNÉE ET COURS COMPLÉMENTAIRES.

Jeux. — Promenades scolaires. — Exercices d'ordre. — (Formation des rangs, marches, ruptures et rassemblements, doublement et dédoublement.) — Marches rythmées. — Évolutions à la course cadencée. — Mouvements d'ensemble avec et sans instruments (haltères, barres, massues.) — Exercices de boxe, de bâton, de canne. — Exercices deux à deux avec cordes ou barres. — Exercices de suspension allongée et de suspension fléchie aux échelles (échelle horizontale, échelle inclinée, échelle avec planche dorsale, échelles jumelles). — Perches verticales fixes par paire. — Poutre horizontale. — Mât vertical. — Planche inclinée. — Sauts divers, à l'exclusion du saut en profondeur. — Natation.

DEUXIÈME ANNÉE.

Jeux et mêmes exercices que ci-dessus. — Complément es exercices d'ordre. — Complément des exercices de boxe, de canne, de bâton. — Escrime. — Courses de vélocité à petite distance. — Sauts en profondeur. — Sauts avec appui des mains.

TROISIÈME ANNÉE.

Jeux et mêmes exercices que ci-dessus. — Sauts à la perche. — Exercices de rétablissement.

ÉCOLES PRIMAIRES SUPÉRIEURES DE FILLES.

Jeux variés. — Danses. — Évolutions avec chants. — Courses. — Sauts (moins le saut en profondeur). — Exercices aux échelles. — Planche inclinée. — Exercices élémentaires d'équilibre. — Promenades.

IV

ÉCOLES NORMALES D'INSTITUTEURS [1].

PROGRAMME DE L'ENSEIGNEMENT DE LA GYMNASTIQUE.

(Arrêté du 10 janvier 1889.)

1re année	3 heures par semaine dans
2e année	chaque année, exercices
3e année	militaires non compris.

PREMIÈRE ANNÉE.

Jeux. — Promenades. — Exercices d'ordre (formation des rangs, marches rythmées, ruptures et rassemblements, doublement et dédoublement). — Évolutions à la course cadencée. — Courses de vélocité à petite distance. — Mouvements d'ensemble avec et sans instruments portatifs (haltères, barres, massues). — Leçons de boxe, de bâton et de canne. — Escrime.

Exercices deux à deux avec cordes ou barres. — Exercices de suspension allongée et de suspension fléchie aux échelles (échelle horizontale, échelle inclinée, échelle avec planche dorsale, échelles jumelles). — Perches verticales fixes par paire. — Poutre horizontale. — Mât vertical. — Sauts avec appui des mains. — Sauts à la perche. — Exercice d'équilibre, exercices de rétablissement. — Natation.

---

[1] Au début de chaque année, les élèves-maîtres seront, autant que possible, divisés en sections d'après leur degré de force.

DEUXIÈME ANNÉE.

Jeux demandant plus de force de résistance. — Mêmes exercices corporels qu'en première année en insistant sur la gymnastique d'application et particulièrement sur les exercices de sauvetage. — Exercices de voltige. — Canotage.

TROISIÈME ANNÉE.

Perfectionnement des exercices précédents et préparation méthodique à l'enseignement de la gymnastique dans les écoles primaires[1].

V

ÉCOLES NORMALES D'INSTITUTRICES.

PROGRAMME DE L'ENSEIGNEMENT DE LA GYMNASTIQUE.

(Arrêté du 10 janvier 1889.)

1re année............	} 3 heures par semaine dans chaque année [2].
2e année............	
3e année............	

Jeux variés. — Promenades. — Danses. — Évolutions avec chant. — Exercices d'ordre (formation des rangs, marches rythmées, ruptures, rassemblements, doublement et dédoublement). — Évolutions à la course cadencée. — Courses de vélocité à petite distance.

Mouvements d'ensemble avec et sans instruments (haltères, barres, massues). — Exercices deux à deux avec cordes ou barres. — Exercices aux échelles (échelle horizontale, échelle inclinée, échelle avec planche dorsale, échelles jumelles).

Perches verticales fixes par paires. — Planche inclinée. — Poutre

---

[1] Les élèves-maîtres de troisième année seront exercés, sous le contrôle du professeur, à donner l'enseignement gymnastique aux élèves de l'école annexe, ainsi qu'à leurs condisciples de deuxième et de première année.

[2] Au début de chaque année, les élèves-maîtresses seront, autant que possible, divisées en sections d'après leur degré de force.

horizontale. — Sauts divers, à l'exclusion du saut en profondeur. — Exercices d'équilibre. — Natation [1].

PROGRAMMES DE L'ENSEIGNEMENT DE LA GYMNASTIQUE.

ENSEIGNEMENT SECONDAIRE.

CLASSES ENFANTINES.

Rondes et premiers jeux de Mme Pape-Carpantier. — Évolutions. — Premiers mouvements rythmiques. — Jeux variés (corde, balle, cerceau, etc.). — Premiers exercices d'ordre (formation des rangs, marches, ruptures et rassemblements, etc.).

DIVISION ÉLÉMENTAIRE.

(De 8 à 10 ans.)

Évolutions. — Jeux variés impliquant l'action de courir. — Premiers exercices d'ordre (formation des rangs, marches, ruptures et rassemblements, etc., doublement et dédoublement). — Marches rythmées. — Mouvements élémentaires sans appareils. — Mouvements élémentaires de la boxe française, de la canne et du bâton. — Planche d'assaut. — Natation.

DIVISION DE GRAMMAIRE.

(De 11 à 13 ans.)

Jeux. — Promenades scolaires. — Continuation des exercices indiqués pour la division élémentaire. — Évolutions à la course cadencée. — Mouvements d'ensemble avec instruments appropriés à l'âge des enfants.

---

[1] Les élèves-maîtresses de troisième année seront exercées, sous le contrôle du professeur, à donner l'enseignement de la gymnastique aux élèves de l'école annexe, ainsi qu'à leurs condisciples de deuxième et troisième année.

— Suite des exercices de boxe. — Bâton, canne. — Exercices deux à deux avec cordes ou barres. — Exercices aux échelles (échelle horizontale, échelle inclinée, échelle avec planche dorsale, échelles jumelles). — Perches verticales fixes par paire. — Poutre horizontale. — Mât vertical.

DIVISION SUPÉRIEURE.

(De 14 ans et au-dessus.)

Jeux. — Promenades. — Exercices d'ordre (formation des rangs, marches rythmées, ruptures et rassemblements, doublement et dédoublement). — Évolutions à la course cadencée. — Courses de vélocité à petite distance. — Mouvements d'ensemble avec et sans instruments portatifs (haltères, barres, massues). — Leçons de boxe, de bâton et de canne. — Escrime.

Exercices deux à deux avec cordes ou barres. — Exercices de suspension allongée et de suspension fléchie aux échelles (échelle horizontale, échelle inclinée, échelle avec planche dorsale, échelles jumelles). — Perches verticales fixes par paire. — Poutre horizontale. — Mât vertical. — Planche d'assaut. — Sauts divers en longueur, hauteur et profondeur. — Sauts avec appui des mains. — Sauts à la perche. — Exercices d'équilibre. — Exercices de rétablissement. — Exercices de voltige. — Natation. — Canotage.

LYCÉES ET COLLÈGES DE FILLES.

Jeux variés. — Promenades. — Danses. — Évolutions avec chant. — Exercices d'ordre (formation des rangs, marches rythmées, ruptures, rassemblements, doublement et dédoublement). — Évolutions à la course cadencée. — Course de vélocité à petite distance.

Mouvements d'ensemble avec et sans instruments (haltères, barres, massues). — Exercices deux à deux avec cordes ou barres. — Exercices aux échelles (échelle horizontale, échelle inclinée, échelle avec planche dorsale, échelles jumelles).

Perches verticales fixes par paire. — Planche inclinée. — Poutre horizontale. — Sauts divers, à l'exclusion du saut en profondeur. — Exercices d'équilibre. — Natation.

MANUEL
D'EXERCICES GYMNASTIQUES
ET DE JEUX SCOLAIRES.

AVANT-PROPOS.

De tout temps, l'éducation physique a été en grand
honneur chez les peuples civilisés. De nos jours, où l'activité
est si fiévreuse, le travail cérébral si intense et les occupations
sédentaires si nombreuses, elle s'impose comme le seul moyen
de rétablir chez l'homme l'équilibre des fonctions physiolo-
giques. Dans un pays comme le nôtre, condamné pour longtemps encore peut-être à une continuelle veillée des armes,
elle apparaît comme une nécessité patriotique et sacrée. Dans
nos écoles enfin, où l'enfant est sollicité par tant d'enseigne-
ments divers et contraint, sous tant de formes, dans son
besoin d'activité, elle est le remède indiqué de ce qu'on a
appelé le surmenage, le contrepoids nécessaire d'un travail
intellectuel que quelques-uns trouvent excessif, en même temps
que la base la plus sûre de toute éducation saine et virile.

C'est pourquoi le législateur l'a inscrite dans les programmes
de l'enseignement au même rang que l'éducation intellectuelle
et que l'éducation morale.

Deux méthodes se disputent l'honneur de satisfaire à cette
nécessité d'une forte éducation physique. L'une, qu'on pourrait appeler la méthode classique, recommande la gymnastique proprement dite, qui consiste en mouvements réglés
et en exercices avec appareils. L'autre, plus ancienne en réa-

1

lité et qui, après être tombée en désuétude parmi nous, vient de retrouver des partisans convaincus, vante les bienfaits des jeux libres et des exercices de force et d'adresse exécutés en plein air.

Ces deux méthodes ont chacune leurs avantages; mais chacune d'elles, appliquée isolément, est insuffisante pour atteindre le but qu'on se propose et qui est le développement harmonique, en vue d'une utilité pratique, de toutes les énergies physiques et morales de l'homme.

Avec ses appareils compliqués et ses exercices d'une exécution difficile, qui dégénèrent si aisément en vains tours de force, avec ses leçons monotones, ses longues stations si mal remplies et l'effort d'attention qu'elle demande aux élèves, la gymnastique, telle qu'elle est enseignée aujourd'hui dans la plupart de nos écoles, fait d'une distraction un ennui et d'un effort qui devrait être utile une fatigue stérile. C'est une leçon ajoutée à tant d'autres et l'écolier n'y trouve ni plaisir ni véritable profit.

D'autre part, ce serait une erreur de croire que les jeux libres peuvent remplacer complètement une leçon de gymnastique bien conduite. S'ils ont cet incomparable avantage d'être exécutés en plein air, d'exciter l'ardeur et l'émulation des élèves, de provoquer leur initiative et de les habituer à l'action rapide et énergique, ils ont l'inconvénient d'être incompatibles avec les intempéries des saisons et de demander beaucoup de temps et d'espace. De plus, les jeux libres pèchent presque toujours par l'insuffisance et la qualité de l'exécution.

Ils sont insuffisants, car, dans une séance de jeux, certains actes musculaires sont répétés un grand nombre de fois, tandis que d'autres non moins importants ne sont pas exécutés du tout, ou ne le sont qu'avec une amplitude incomplète. De plus, dans les jeux libres, chaque élève cultive spontanément ses facultés naturelles : il va où le porte son goût et, s'efforçant d'exceller dans les exercices pour lesquels il est plus particulièrement doué, il néglige les autres. Il arrive même que, dans les jeux libres, les plus hardis et les plus vigoureux tirent tout le bénéfice de ces exercices, tandis que les plus faibles et les moins décidés ou se tiennent à l'écart, ou font des efforts qui dépassent leurs forces et sont par là même dangereux.

Dans les jeux libres, les mouvements pèchent aussi par la qualité de l'exécution, car, n'étant pas définis à l'avance, ils ne peuvent être corrigés à chaque instant par le maître : ils sont précipités et parfois désordonnés. L'élève néglige ses attitudes et ses allures; il marche, court, saute à sa fantaisie, sans ménager ses forces et sans se préoccuper d'en tirer le meilleur parti. Il ne bénéficie pas des avantages qu'un enseignement méthodique de la gymnastique lui assurerait, en l'obligeant à faire d'une façon raisonnée et progressive l'éducation de ses mouvements. Les jeux libres, en un mot, sont un excellent complément de la gymnastique proprement dite, mais, à eux seuls, ils ne sauraient donner des résultats complets tant au point de vue de l'éducation des mouvements qu'au point de vue de l'utilité pratique.

Il en est de même du travail manuel qui, malgré son incontestable utilité, ne saurait remplacer une véritable leçon de gymnastique. Chaque forme du travail manuel est en effet une spécialisation de certains mouvements, et l'on sait que les mêmes actes musculaires longtemps répétés peuvent devenir à la longue une cause de déformation.

La vérité, comme il arrive presque toujours, se trouve entre les deux systèmes, et la solution du problème consiste à emprunter à chacun d'eux ce qu'ils ont de meilleur, à les combiner, en les débarrassant de ce qu'ils ont d'excessif ou d'arbitraire.

C'est en s'inspirant de ces principes que la Commission, chargée de reviser les programmes de gymnastique en usage dans les écoles primaires de tout degré, a rédigé le présent manuel. Ce manuel se compose de deux parties : la première traite de la gymnastique proprement dite et de ses applications pratiques; la seconde s'occupe des jeux libres.

Dans la première partie, la Commission a tracé les règles de ce qu'elle croit être une gymnastique rationnelle, de cette gymnastique qui s'adresse à l'ensemble des élèves et qui, par son ordre méthodique et ses exercices gradués, exerce son action éducatrice sur l'organisme tout entier : c'est la gymnastique d'assouplissement et de développement. Elle a pris soin d'ailleurs de ne recommander aucun mouvement ni aucun exercice avant d'en avoir contrôlé et vérifié la valeur, d'après les méthodes scientifiques employées à la Station physiologique[1]. Quant aux exercices qui laissent une partie des élèves inactifs ou qui exigent inutilement une dépense de force exagérée, elle les a bannis rigoureusement. Dans le même ordre d'idées, elle a réduit le nombre des appareils et des agrès employés jusqu'ici et dont plusieurs lui ont paru inutiles ou dangereux. Elle s'est efforcée aussi de proportionner les exercices qu'elle recommande au développement physique de chaque catégorie d'écoliers et, pour cela, elle a pris soin de tracer pour les différentes écoles et, dans chaque école, pour les divers groupes d'élèves, des programmes particuliers qui ont reçu la haute approbation du Conseil supérieur de l'instruction publique.

Mais comme la gymnastique n'est pas seulement un art d'agrément et qu'elle ne saurait être sa propre fin, la Commission a cru devoir recommander tout spécialement certains exercices qui sont d'une utilité pratique dans la vie, soit pour le compte de ceux qui les exécutent, soit pour le compte d'autrui. De là deux chapitres dans cette première partie du manuel, le premier comprenant la gymnastique de développement, le second la gymnastique d'application.

On ne trouvera pas à la suite de ces leçons de gymnastique

---

[1] Les figures du *Manuel* ont été prises, pendant les exercices, par la photographie instantanée; elles ont été dessinées par M. Quignolot.

les exercices militaires inscrits dans les anciens manuels. La Commission a pensé qu'il suffirait de donner à l'armée des jeunes gens alertes, vigoureux, hardis et que l'armée se chargerait d'en faire rapidement des soldats disciplinés et exercés. En revanche, elle a introduit dans son programme différentes sortes de sport, très en honneur chez quelques-uns de nos voisins, trop délaissés chez nous, tels que le canotage, l'escrime, la natation, et d'autres plus à la portée des élèves des écoles primaires, tels que la boxe, le bâton et la canne.

Dans la seconde partie de ce manuel, la Commission a dressé une liste des jeux qui lui ont paru les plus propres à intéresser les élèves et, parmi ces jeux, elle a, pour des raisons qu'on devinera sans peine, accordé la préférence à nos jeux nationaux. Elle ne pouvait entreprendre de décrire tous ces jeux et de tracer pour chacun d'eux des règles qui varient d'ailleurs d'une région à l'autre. Elle a dû se borner à donner une nomenclature des jeux les plus répandus, réservant les descriptions pour ceux qui, parmi les moins connus, lui ont paru mériter d'être introduits dans nos écoles. Cette nomenclature est sans doute incomplète; elle est assez longue cependant pour que maîtres et élèves n'aient que l'embarras du choix.

Enfin, comme la gymnastique de développement et d'application, comme les exercices de sport et les jeux libres peuvent cesser d'être un profit pour devenir un danger, s'ils ne sont entourés de précautions, et si le maître qui les enseigne n'est pas renseigné lui-même sur les règles d'hygiène qu'il convient d'observer avant, pendant et après la leçon, la Commission a réuni un certain nombre de recommandations et de conseils pratiques fondés sur la physiologie, dont elle a fait un chapitre à part et qu'elle a placés en tête de son travail.

§ 1.

CONSEILS PRATIQUES SUR LE CHOIX, L'ENSEIGNEMENT ET L'EXÉCUTION DES EXERCICES GYMNASTIQUES.

Définition de la gymnastique. — Il y a une éducation physique comme il y a une éducation morale et une éducation intellectuelle.

La gymnastique a pour but le perfectionnement physique de l'homme. C'est *l'éducation du mouvement*; elle ne se propose ni la recherche exagérée de la force musculaire ni l'habileté excessive à vaincre des difficultés exceptionnelles, mais elle est une des conditions nécessaires de l'harmonie de l'être humain.

La gymnastique comprend :

1° La gymnastique de développement ou de perfectionnement physique, qui a pour objet de développer harmonieusement le corps de l'enfant, de lutter contre les mauvaises conditions d'hygiène créées par les milieux sociaux et leurs exigences, d'établir ainsi un équilibre salutaire entre l'activité physique et l'activité intellectuelle.

2° La gymnastique d'application, dans laquelle on se propose de perfectionner la vie de relation en familiarisant l'homme avec des pratiques qui trouvent leur application dans la vie, en particulier dans la vie militaire.

À chacun de ces deux buts inséparables correspond un ensemble de moyens directs propres à obtenir des résultats utiles dans le plus court délai possible.

Ces moyens sont subordonnés à des règles d'hygiène auxquelles le maître de gymnastique devra se soumettre afin d'obtenir les meilleurs résultats de son enseignement et même afin d'éviter des accidents.

Ces règles ont été résumées ci-dessous et classées suivant les principales fonctions de la vie.

Digestion. — Les exercices du corps ne doivent pas être pratiqués immédiatement avant ou après les deux principaux repas; il convient de laisser un intervalle d'au moins une demi-heure.

Respiration et circulation. — Il faut éviter, l'hiver surtout, que le maître passe une partie du temps consacré à la leçon en explications verbales durant lesquelles les élèves restent immobiles dans une atmosphère froide ou sur un sol humide. Les mouvements partiels seront alors remplacés par des mouvements plus généraux; ceux des bras s'exécuteront en marchant; seuls ceux du tronc se feront sur place.

La leçon débutera autant que possible par des mouvements des membres inférieurs, continuera par des exercices qui demandent une énergie croissant du commencement au milieu et diminuant ensuite jusqu'à la fin de la séance.

L'essoufflement et les palpitations du cœur annoncent que le repos est devenu nécessaire.

Les exercices nécessitant un effort très actif seront toujours coupés par des pauses de courte durée destinées à rétablir la régularité de la respiration et de la circulation.

On portera une grande attention sur la respiration de l'élève, qui devra être, autant que possible, profonde et large, même au cours d'exercices violents, tels que la course de résistance.

Il est recommandé d'éviter les culbutes de toutes sortes et d'user très modérément des exercices où l'élève reste pendant un certain temps suspendu la tête en bas.

Les mouvements ne doivent pas être trop précipités et le professeur doit veiller à ce que l'élève ne fasse pas d'efforts; pour cela il lui recommandera de compter haut, de temps en temps, sans toutefois trop élever la voix.

Les inspirations profondes, prolongées, déterminant l'ampliation la plus complète du thorax, seront recommandées aux élèves à l'exclusion des inspirations brusques, précipitées, désordonnées qui amènent l'essoufflement et les troubles de la circulation.

Pendant les exercices cadencés et prolongés, comme la course, on conseillera de rythmer la respiration.

La respiration (inspiration et expiration) se fera généralement par le nez, la bouche fermée.

Le chant selon son caractère, son rythme et son mode d'exécution est un excellent exercice respiratoire, mais il ne peut s'allier à l'exécution de tous les mouvements gymnastiques, surtout à ceux de la tête et du tronc; il accompagne très bien, au contraire, les marches et les courses modérées, ainsi que les exercices d'ordre.

Les vêtements ne seront pas serrés autour du cou ni du thorax pendant la leçon de gymnastique.

Les préaux et les salles de classe sont des lieux impropres aux exercices de gymnastique; dans le cas où très provisoirement il serait nécessaire de les utiliser, il est indispensable de renouveler l'air avant la leçon et de veiller à ce que la température ne soit pas trop élevée. Dans les lieux fermés, on ne couvrira pas le sol de sciure de bois, de tan, de sable ni d'aucune substance friable; celles-ci ont l'inconvénient de se répandre en poussière dans l'atmosphère. Le sol restera complètement nu; il suffira d'un léger arrosage avant les exercices.

Fonctions de la peau. — C'est une erreur de croire que la transpiration soit à redouter. Il est au contraire hygiénique de la favoriser par l'exercice musculaire, à la condition que l'on s'entoure des précautions nécessaires pour éviter ensuite les refroidissements.

Il est bon que le vêtement, plus léger en été qu'en hiver, soit toujours fait d'étoffe de laine. Il faut se garder de terminer la leçon par des exercices intenses qui provoquent une abondante transpiration, puis de s'arrêter immobile dans un courant d'air; il est dangereux de boire de l'eau froide quand le corps est échauffé par l'exercice.

Le mieux serait de changer les vêtements qui ont été portés pendant la leçon et de faire suivre celle-ci par des ablutions d'eau froide et des frictions à sec afin d'entretenir la propreté de la peau. Le bain devra remplacer ces soins quotidiens, s'il est jugé d'une application plus pratique.

Activité du système nerveux. — On doit observer dans les exercices une gradation d'intensité de façon à ne pas amener une courbature ni une lassitude considérables, ce serait créer une condition peu favorable au travail intellectuel.

———

Ce qui précède est relatif aux conditions générales d'hygiène qu'il convient de remplir dans l'enseignement des exercices du corps. Il faut actuellement donner plus spécialement les moyens directs qui contribuent au perfectionnement physique défini plus haut.

Les modifications utiles et persistantes que l'on doit s'efforcer d'obtenir par la gymnastique se résument comme il suit :

a. Développement de la charpente osseuse;

b. Développement général du système musculaire;

c. Fixation de l'épaule;

d. Ampliation thoracique;

e. Solidité des parois abdominales;

f. Perfectionnement de la coordination des mouvements.

Développement du squelette. — Dans le jeune âge, les mouvements de force doivent être absolument défendus. Il faut à ce moment acquérir surtout l'adresse et la souplesse qui préparent aux applications utiles. Les contractions énergiques et durables, les exercices athlétiques arrêtent en effet la croissance et ne doivent être pratiqués qu'à l'âge adulte. Il y aurait peut-être une exception à faire pour les enfants dont la taille croît d'une façon exagérée.

Développement musculaire. — Dans le développement musculaire par la gymnastique, on doit rechercher l'harmonie bien plutôt que l'exagération du volume des muscles.

Il faut, dans les leçons, s'attacher de préférence aux mouvements qui exercent les groupes de muscles dont la fonction est utile ou qui présentent visiblement un degré de faiblesse actuelle

On exécutera les mouvements naturels avec toute l'amplitude que permet la structure des articulations, mais sans exagérer cette amplitude.

Il faudra recommander les mouvements qui ont pour effet d'étirer lentement les muscles contractés, à l'exclusion des contractions statiques où le muscle raccourci a ses deux points d'insertion rapprochés l'un de l'autre.

Le rythme des mouvements doit être en rapport avec la masse des segments à mouvoir.

Il sera plus lent pour les mouvements des membres étendus que pour ceux des segments partiels qui les composent; plus lent encore pour ceux du tronc que pour ceux des membres allongés.

On ne doit pas confondre la vigueur avec la saccade d'un mouvement. Ce dernier doit arriver à son développement complet et être énergique sans à-coups.

Aussi, au lieu d'exécuter brutalement les mouvements de flexion et d'extension des membres, on marquera des temps d'arrêt au moment des changements de sens du mouvement. Dans certaines extensions même il sera bon de demeurer immobile quelques instants dans des attitudes variées, les muscles contractés et complètement étirés.

Il faut faire, bien entendu, une exception pour les exercices où la brièveté de la contraction est une qualité indispensable, pour les sauts par exemple ainsi que pour les exercices d'escrime et de boxe.

Le même mouvement ne doit pas être répété jusqu'à la fatigue locale.

Les mouvements du tronc seront exécutés un nombre de fois moins grand que ceux des membres. Cette recommandation est surtout à observer dans le cas où le sens habituel de l'action du muscle est renversé, dans le grimper, par exemple.

De plus on alternera les mouvements des membres supérieurs avec les actes analogues des membres inférieurs et l'on fera suivre, comme nous l'avons déjà indiqué, chaque groupe de mouvements d'un court repos.

Les mouvements se feront symétriquement. Tout exercice qui met en jeu particulièrement la partie droite du corps doit être répété identiquement par la partie gauche.

Fixation de l'épaule. — Il est indispensable, pour remédier à des défauts de conformation de l'épaule et du thorax qui se présentent fréquemment, de faire des exercices qui rapprochent les omoplates et les fixent solidement en arrière contre le thorax.

Des résistances horizontales à vaincre sont pour cela nécessaires et demandent des exercices spéciaux.

Ampliation thoracique[1]. — L'ampliation thoracique est le point le plus important de la gymnastique de développement. Si la course est de tous les exercices celui qui agit le plus activement et le plus directement sur la fonction respiratoire, il y a cependant des mouvements et des attitudes qui favorisent la dilatation du thorax en donnant à ses articulations une grande mobilité.

Il faut éviter d'abord que les vêtements soient serrés autour de la poitrine. Il faut aussi éviter, pendant le repos et pendant les exercices, les mauvaises attitudes où les courbures de la colonne vertébrale sont exagérées et où les épaules sont portées en avant.

---

[1] Un des résultats les plus importants de la pratique suivie des exercices musculaires est l'augmentation de la capacité respiratoire, c'est-à-dire du volume d'air inspiré dans une inspiration profonde.

Il y a un rapport intime entre cette capacité et l'état de vigueur du sujet, et il est intéressant de mesurer cette capacité, et surtout de la comparer au poids du corps. Les spiromètres sont des instruments destinés à cet usage. En observant par ce moyen un sujet qui s'entraîne à l'exercice musculaire, on voit augmenter le rapport de la capacité pulmonaire au poids du corps à mesure que le sujet considéré devient capable d'exécuter sans fatigue une plus grande somme de travail musculaire dans un temps donné. On constate aussi que l'augmentation de la capacité pulmonaire est obtenue par l'ampliation des mouvements des parois thoraciques entre les deux périodes extrêmes de la respiration et que le rythme de ces mouvements diminue de fréquence pendant que leur amplitude peut augmenter jusqu'à presque quadrupler. Ces modifications du mécanisme respiratoire sont acquises définitivement et se constatent chez l'homme même dans le repos musculaire.

Les mouvements étendus des membres supérieurs donnent de la mobilité aux côtes et favorisent la dilatation thoracique.

Les exercices de suspension par les mains agissent au plus haut degré à la condition qu'ils soient exécutés les bras allongés, les mains conservant un écartement un peu supérieur à celui des épaules.

Il faut proscrire pour les jeunes enfants la suspension fléchie, ainsi que les exercices prolongés d'appui sur les mains.

En conséquence, les perches et les cordes doivent toujours être associées par paires.

Solidité des parois abdominales. — Il est recommandé de faire fréquemment des mouvements du tronc sur les membres inférieurs dans la situation debout ou couchée, et inversement des mouvements de flexion des membres inférieurs pendant la suspension allongée et l'appui tendu (voir plus loin la définition de ces termes).

Ces mouvements ont pour but d'exercer spécialement les muscles de l'abdomen.

Les exercices qui consistent à passer les jambes au-dessus d'une canne tenue horizontalement des deux mains, les exercices élémentaires dits de passements de jambes ou de voltige au cheval à arçon, les mouvements de la boxe française produisent les mêmes effets et donnent une grande souplesse.

Les luttes raisonnées au moyen de barres rigides sont extrêmement utiles au même point de vue, ainsi que les sauts sur place avec flexion et abduction des membres inférieurs pendant la suspension.

Il faudra, dans tous les exercices, éviter de gêner les mouvements du tronc et ne pas serrer l'abdomen avec une ceinture large non élastique dont l'usage est inutile et peut même être dangereux.

Perfectionnement de la coordination des mouvements. — Le perfectionnement de la coordination dans les mouvements s'obtiendra par l'exécution parfaite, d'abord lente, puis progressivement accélérée, d'actes musculaires simples fréquemment répétés.

Ce résultat s'obtiendra, en outre, par la décomposition des mouvements complexes.

Jamais on ne devra accélérer le rythme lorsque l'on verra les élèves faire des contractions inutiles qui les fatiguent et nuisent à l'exécution de leurs mouvements.

Pour vaincre la sensation du vertige on fera exécuter aux élèves des exercices d'équilibre et des mouvements simples sur la poutre, à des hauteurs croissantes, en s'entourant des précautions nécessaires pour éviter toute chute dangereuse.

GYMNASTIQUE D'APPLICATION.

La leçon de gymnastique doit renfermer des exercices qui visent tout spécialement les applications utiles. L'enseignement doit, même au début, tendre vers ce but final; mais les exercices d'application demandent le développement complet de la force et de l'adresse; ils forment donc une partie bien distincte du programme et doivent être le couronnement de l'enseignement.

Les moyens employés spécialement dans la gymnastique de développement sont les mouvements naturels de toutes les articulations des membres et du tronc exécutés librement ou les mains chargées d'haltères et de massues. Les mouvements au moyen de barres de bois ou de poignées servant à des luttes deux à deux, les appareils de suspension comme l'échelle horizontale, la barre horizontale simple ou double, les perches fixes, les cordes doubles visent surtout le développement des muscles du thorax et de l'abdomen, tandis que les appareils à sauter, le mouton et différents jeux gymnastiques font acquérir l'adresse, l'audace et l'agilité.

Dans la gymnastique d'application on se propose surtout de perfectionner la marche individuelle et la marche d'ensemble, de s'entraîner à la course de résistance et à la course de vélocité, de pratiquer les sauts, le maniement des outils et des armes, de s'exercer au lancer des projectiles, à l'assaut de l'escrime, de boxe, de canne et du bâton, au transport des fardeaux, au grimper aux échelles, aux perches et cordes lisses, aux divers rétablissements sur la planche et la poutre, à l'escalade, au transport d'un blessé, aux sauvetages, à la natation, au maniement du canot, en recherchant dans tous les mouvements l'économie de la force musculaire et en attachant plus d'importance aux qualités de fonds qu'à la virtuosité.

§ 2.

Plan de la leçon de gymnastique.

Les données de la gymnastique de développement et de celle d'application exposées dans les chapitres précédents montrent qu'il doit y avoir, dans la leçon de gymnastique, un plan invariable et nettement défini malgré la variété des éléments qui la constituent.

La leçon doit contenir des séries de mouvements destinés à activer la circulation du sang et la respiration, à développer harmonieusement le système musculaire, à remédier aux mauvaises attitudes de l'épaule; à dilater la cage thoracique, à redresser les courbures exagérées de la colonne vertébrale, à développer spécialement les muscles des parois abdominales.

La leçon doit aussi contenir des exercices qui rendent adroit et souple, atténuent le vertige, perfectionnent les allures normales et trouvent leur application immédiate dans la vie sociale et militaire. Elle sera : 1° complète et utile; 2° graduée; 3° intéressante et dirigée avec ordre et énergie.

1° LA LEÇON DOIT ÊTRE COMPLÈTE ET UTILE.

La leçon se compose de mouvements d'ensemble, avec ou sans instruments portatifs, de jeux et de mouvements aux appareils fixes servant au développement du corps ou préparant à des applications utiles.

Mouvements d'ensemble. — La leçon d'ensemble a pour but de faire exécuter simultanément par un grand nombre d'élèves tous les mouvements naturels des membres et du tronc.

Ces mouvements peuvent être de trois sortes :

1° Mouvements naturels les mains libres;

2° Mouvements avec instruments portatifs;

3° Luttes et oppositions deux à deux.

Dans la leçon d'ensemble, il est surtout efficace de répéter fréquemment l'élévation des bras étendus, leur abduction latérale horizontale, leur abduction en arrière, ainsi que la circumduction complète en faisant de grands pas en avant. Il faut observer de bonnes attitudes, effacer les épaules et rejeter les coudes en arrière sans exagérer la cambrure lombaire.

On fera suivre tout mouvement des bras d'un mouvement analogue des membres inférieurs.

Il n'y a pas lieu de faire des mouvements de tête un exercice spécial, il suffit de les associer avec certains mouvements du tronc et des membres.

Le commandement de chaque exercice doit être concis et néanmoins définir avec précision la nature du mouvement, sa décomposition en temps égaux ou inégaux, sa cadence, le nombre de fois qu'il doit être répété et les qualités d'exécution que l'on doit exiger.

La terminologie peut être celle des mouvements articulaires employée en physiologie, chaque fois qu'il s'agira des mouvements simples à exécuter.

La définition des mouvements complexes consistera dans l'énumération des mouvements simples qui les composent, ou encore dans une expression usuelle déjà-employée dans la lutte, dans l'escrime, ou dans une des professions connues.

Exemple : Se fendre à droite ou à gauche; mouvement de manivelle, etc.

Dans un mouvement complexe, les mouvements des différents segments des membres conserveront la vitesse relative à leur masse; ainsi, dans la combinaison du mouvement de flexion et d'extension du tronc avec celui des bras en quatre temps, le mouvement des bras se fera avec une vitesse double de celle du tronc.

On indiquera, pour chaque groupe de mouvements, le nombre de fois qu'il peut être exécuté sans inconvénient.

Enfin la leçon, pour être bien coordonnée, doit procéder du simple au composé afin d'entraîner peu à peu le corps à des efforts progressifs.

On commencera par tous les mouvements simples des membres, exécutés séparément, en alternant les mouvements des bras avec les mouvements analogues des membres inférieurs.

Puis viendront les mouvements du tronc et les mouvements généraux du corps.

Tous les mouvements seront symétriques, c'est-à-dire exécutés identiquement par les membres droit et gauche, soit alternativement, soit simultanément.

Cette méthode naturelle a l'avantage de donner la certitude que l'on n'omet aucun des mouvements essentiels, leur exécution alternative et les temps de repos permettent de retarder la fatigue.

Pour donner plus de vigueur aux mouvements naturels, les élèves des classes supérieures exécuteront les exercices d'ensemble avec instruments portatifs (haltères, barres à sphères, massues, etc.).

Luttes et oppositions deux à deux. — Il est utile d'introduire dans les écoles des exercices de luttes deux à deux, grâce auxquels on exercera souvent les muscles fixateurs de l'épaule par des tractions horizontales et les muscles de l'abdomen par des tractions verticales dirigées obliquement de bas en haut.

Ces luttes seront simples et ne seront exécutées que par les élèves des cours supérieurs.

On peut, à la rigueur, obtenir des résultats utiles au moyen d'appareils à contrepoids; mais d'une façon générale, les appareils à résistance constante ne sont pas à recommander dans les écoles.

Usage et propriétés des appareils fixes. — Il y a une importance relative à donner aux mouvements libres et aux exercices d'appui et de suspension dans la leçon de gymnastique.

La leçon d'ensemble complète est à elle seule suffisante. Les exercices de suspension par les mains sont utiles pour contrebalancer l'effet exagéré de la pesanteur et contribuer au développement du thorax.

La suspension par les mains se fera à des barres parallèles hautes ou à l'échelle horizontale en conservant aux mains l'écartement des épaules.

Les instruments oscillants comme les anneaux et le trapèze présentent des inconvénients à ce point de vue; ils exigent l'exercice individuel et l'aide du professeur; de plus, les exercices utiles qu'ils permettent peuvent s'exécuter à l'échelle horizontale; ils ne sont donc pas indispensables.

Les jeunes enfants doivent pratiquer la suspension allongée et non la suspension fléchie; jamais ils ne doivent grimper à une perche ou à une corde isolée. Ces appareils doivent toujours être associés par paires.

Les exercices d'appui sur les barres parallèles ne doivent pas être prolongés, ils ne doivent être faits que comme diversion, surtout comme exercices généraux de voltige n'ayant pas la longue durée des progressions que l'on fait utilement aux appareils de suspension.

2° LA LEÇON DOIT ÊTRE GRADUÉE.

Pendant une même séance, il faut amener graduellement l'élève à exécuter des mouvements énergiques, mais il ne faut pas terminer la leçon par ces derniers exercices; il faut, au contraire, en diminuer progressivement l'énergie jusqu'à la fin.

S'il n'y a qu'un plan de leçon de gymnastique, il y a une infinité de manières de l'appliquer, suivant les sujets auxquels on s'adresse.

Supposons en effet que l'on réunisse en groupes les exercices qui visent chacun des buts particuliers de la gymnastique de développement et de la gymnastique d'application définis précédemment, les exercices d'un même groupe ne présenteront pas tous la même difficulté d'exécution, mais on pourra les classer

IMPRIMERIE NATIONALE.

dans chaque groupe en trois séries correspondant aux trois degrés de l'enseignement et par ordre de difficulté croissante.

3° LA LEÇON DOIT ÊTRE INTÉRESSANTE ET CONDUITE AVEC ORDRE ET ÉNERGIE.

Le maître soutiendra l'attention des élèves, soit par la diversité des exercices, sans pour cela perdre un instant de vue leur qualité particulière; soit, ce qui serait préférable, en expliquant la raison des mouvements qu'il leur fait exécuter.

Différences de l'enseignement suivant les sexes. — Dans les premières divisions de l'école primaire, la gymnastique des filles ne se différencie pas de la gymnastique des garçons. En effet, tant que nous nous adressons au développement du corps, les mêmes exercices conviennent à l'un et à l'autre sexe.

Dans la division supérieure seulement, les exercices d'application, qui prennent un caractère militaire et particulièrement énergique pour les hommes, doivent demeurer plus doux et gracieux pour les femmes; la danse avec chant, le saut à la corde, les jeux divers, les luttes raisonnées, les courses et exercices d'ordre remplaceront la leçon de boxe, de canne et les rétablissements.

Manière de composer une leçon avec les matières du manuel. — Dans ce manuel les mouvements sont divisés par groupes et sont numérotés et classés autant que possible dans chaque groupe par ordre de difficulté croissante.

Pour constituer une leçon on consultera le guide qui ne contient que le plan des leçons s'adressant à chaque division de l'enseignement. Ce plan donne l'ordre des groupes de mouvements à exécuter et, pour une division, les numéros des exercices dans chaque groupe.

§ 3.

Du rôle du maître et des mesures d'ordre.

Il est indispensable que le personnel enseignant soit éclairé sur le plan de la leçon de gymnastique, sur les résultats qu'il doit obtenir dans son enseignement et sur les moyens dont il dispose ; le maître doit aussi savoir démontrer les exercices, les exécuter et les décomposer, aider l'élève et le retenir dans ses chutes, surveiller ses attitudes et les rectifier constamment.

Dans les écoles à un seul maître, on donnera la préférence aux jeux et aux exercices d'ensemble qui constituent une excellente gymnastique et qui ont l'avantage de ne jamais laisser les élèves inactifs.

Dans les écoles à plusieurs maîtres, les exercices d'ensemble et les exercices aux agrès seront exécutés concurremment.

Le nombre des élèves qui se livreront à des exercices individuels aux agrès ne dépassera jamais 15 ; pour les exercices d'ensemble, ce nombre pourra être porté à 40 ou à 50 au maximum.

Il est inutile de descendre les escaliers en marquant le pas ; il est mauvais d'immobiliser les bras ; il faut dans les marches, courses et exercices d'ordre que les épaules soient effacées.

Dans aucun cas la punition infligée à un élève pour une infraction à la discipline ne doit être la privation des exercices gymnastiques.

On évitera les pertes de temps en détachant des rangs à tour de rôle quelques élèves qui s'exerceront aux appareils d'appui et de suspension sous la surveillance du maître ou d'un auxiliaire (instituteur adjoint ou moniteur choisi parmi les plus grands élèves). Il est bien entendu que le maître sera toujours présent aux exercices qui offrent quelque danger.

Le maître démontre l'exercice, en commande et en surveille l'exécution, prévoit les accidents et les évite.

Son rôle marque la place qu'il doit occuper : *démonstrateur* et *commandant*, il doit être vu et entendu de tous ses élèves ; *sur-*

veillant, il doit pouvoir juger d'un coup d'œil de la valeur de l'ensemble, rectifier les fautes particulières et s'assurer la confiance des élèves par la sollicitude dont il les entoure.

Pour les exercices d'ensemble, il occupera le sommet d'un triangle équilatéral, dont sa section formera la base. Il se portera quelquefois sur les flancs et par derrière pour veiller à l'alignement et à la bonne exécution, adressera à voix basse aux intéressés quelques paroles d'encouragement, ou leur renouvellera brièvement ses recommandations. Pour les sauts, il se tiendra toujours au point d'arrivée dans une position qui lui permette l'usage alternatif ou simultané des mains pour aider l'élève ou le préserver des chocs douloureux et des dangers d'une mauvaise chute.

Aux appareils, il accompagnera l'élève dans ses progressions pour l'aider et lui éviter les chutes involontaires, soit en l'arrêtant lorsqu'il le voit fatigué, soit en le saisissant par un bras ou par la ceinture avant son arrivée sur le sol; dans les mouvements sans progression, debout à sa droite ou à sa gauche, il le soutiendra et lui donnera la sensation du mouvement à exécuter en intervenant à propos comme aide, presque à l'insu de l'élève.

Si la vigilance du maître doit s'exercer sur plusieurs groupes surveillés par des moniteurs, il restera de préférence près de celui qui exécute des mouvements difficiles et où la maladresse pourrait avoir des suites fâcheuses; pendant ce temps, les autres groupes se livreront à des exercices qui ne nécessitent pas absolument son concours.

En résumé, le maître se portera toujours où sa présence est utile; la pratique, l'expérience et la conscience de sa responsabilité morale seront en ce point ses meilleures conseillères.

§ 4. — DU VÊTEMENT ET DES APPAREILS DE GYMNASTIQUE.

On ne peut exiger de tous les élèves (ce qui serait préférable) d'avoir un vêtement spécial de gymnastique; mais on doit veiller à ce qu'ils ne gardent pas pendant les exercices les vêtements qu'ils mettent à la sortie de l'école. On recommande l'emploi de ceintures étroites et élastiques de préférence aux ceintures larges et rigides qui offrent des inconvénients et même des dangers.

La leçon doit se donner, autant que possible, dans la cour, à l'air libre. Les scories écrasées ou graviers agglomérés par la compression sont à recommander pour constituer le sol de la cour, en raison des jeux auxquels les élèves doivent se livrer. Pour les exercices de saut, on doit ménager, dans la cour, un emplacement restreint couvert de sable meuble servant à amortir les chutes [1]. Il faut éviter d'entourer les cours de trottoirs à angles vifs qui peuvent être la cause de chutes dangereuses.

Il est mauvais de transformer les préaux en gymnases et de les surcharger d'appareils.

Le bénéfice que les élèves retirent de la leçon dépend beaucoup plus de la valeur pédagogique du maître que de la multiplicité et de la complexité des agrès.

Les appareils usités dans l'école doivent être, autant que possible, choisis parmi ceux qui ne nécessitent pas le travail individuel; ils doivent avoir un but bien déterminé.

Ils doivent répondre d'une part aux nécessités du développement de l'enfant, à la recherche de l'adresse et de l'agilité; d'autre part, ils doivent familiariser les élèves avec des pratiques qui trouvent leur application dans la vie. Leurs dimensions doivent être proportionnées à la taille des élèves.

On peut recommander les appareils suivants :

COLLECTION D'INSTRUMENTS ET D'APPAREILS DE GYMNASTIQUE
POUR LES ÉCOLES NORMALES PRIMAIRES D'INSTITUTEURS.

Haltères (de 3 kilogrammes au maximum la paire),
Barres à petites sphères en bois.
Mils ou massues d'un seul modèle (de 2 kilogrammes au maximum).
Cordes à lutter avec poignées.
Cannes.

---

[1] Si les sauts s'exécutent dans les préaux couverts, on se servira de matelas ou de paillassons pour les chutes.

Perches verticales mobiles par paires.

Petites cordes lisses par paires.

Petites échelles jumelles mobiles par paires.

Échelle horizontale (5 mètres).

Échelle oblique avec planche dorsale.

Barres mobiles à section ovalaire et de la longueur de l'échelle (4 à 5 mètres).

Mât vertical (de 15 à 20 centimètres de diamètre).

Grande corde lisse (10 mètres).

Planche à rétablissement à hauteur variable.

Planche d'assaut à inclinaison variable de 4 mètres.

Poutre horizontale.

Sautoir complet.

Matelas pour les chutes.

Perches à sauter de deux modèles.

Sangles ou chevalets pour exercices préparatoires de natation.

Tabouret sautoir avec arçon.

Tir à l'arc.

LISTE DES APPAREILS DE GYMNASTIQUE
POUR LES ÉCOLES NORMALES PRIMAIRES D'INSTITUTRICES.

Barres à petites sphères en bois.

Cordes à lutter avec poignées.

Perches verticales fixes ou mobiles par paires.

Petites cordes lisses par paires.

Petites échelles jumelles mobiles.

Échelle horizontale (5 mètres).

Échelle oblique avec planche dorsale.

Planche d'assaut à inclinaison variable (4 mètres).

Poutre horizontale.

Sautoir complet.

Matelas pour les chutes.

Sangles ou chevalets pour exercices préparatoires de natation.

APPAREILS DE GYMNASTIQUE
POUR LES ÉCOLES PRIMAIRES SUPÉRIEURES.

GARÇONS.

Barres à petites sphères en bois.

Cordes à lutter avec poignées.
Cannes.
Perches verticales mobiles.
Petites cordes lisses par paires.
Échelle horizontale (5 mètres).
Échelle inclinée avec planche dorsale.
Mât vertical de 15 à 20 centimètres de diamètre.
Planche d'assaut à inclinaison variable.
Poutre horizontale.
Sautoir complet.
Matelas pour les chutes.
Sangles ou chevalets pour exercices préparatoires de natation.

FILLES.

Barres à petites sphères en bois.
Perches verticales mobiles.
Échelle horizontale (5 mètres).
Échelle inclinée avec planche dorsale.
Planche d'assaut à inclinaison variable.
Poutre horizontale.
Sautoir complet.
Matelas pour les chutes.
Sangles ou chevalets pour exercices préparatoires de natation.

INSTRUMENTS ET APPAREILS DE GYMNASTIQUE
POUR LES ÉCOLES PRIMAIRES ÉLÉMENTAIRES.

GARÇONS.

Barres en bois.
Perches verticales.
Échelle horizontale (5 mètres).
Grande corde lisse (10 mètres).
Poutre horizontale.
Sautoir avec niveau et cordeau.
Sangles ou chevalets pour exercices préparatoires de natation.

FILLES.

Barres en bois.
Perches verticales fixes ou mobiles par paires.

Échelle horizontale (5 mètres).
Poutre horizontale.
Sangles ou chevalets pour exercices préparatoires de natation.
Cordes à sauter (petites et grandes).

JEUX.

Raquettes ou tambourins.
Ballons.
Balles.
Volants.
Cordes à sauter.
Tir à l'arc ou au javelot.
Jeu de grâce et de cornet.
Jeu de boules et de quilles.

LIVRE I.

EXERCICES GYMNASTIQUES.

LIVRE PREMIER.

MANUEL D'EXERCICES GYMNASTIQUES.

PREMIÈRE PARTIE.

GYMNASTIQUE DE DÉVELOPPEMENT[1].

CHAPITRE I.

DÉFINITIONS.

ARTICLE PREMIER.

Les mouvements gymnastiques sont exécutés dans les différentes stations ou attitudes suivantes :

STATIONS ET ATTITUDES[2].

Bonne station droite.　　　　　Mauvaise station droite.

1. *Station droite.* — Les talons sont réunis, les pieds ouverts à

---

[1] Voir les considérations pratiques mises en tête du *Manuel*, page 1.

[2] Le professeur surveillera constamment les attitudes des élèves. Il corrigera

6o degrés, la tête et le corps droits sans raideur, les bras pendants naturellement.

2. *Station hanchée.* — Le corps repose sur l'un des membres

Station hanchée.

inférieurs tendu, la hanche du côté opposé s'abaisse, la ligne des épaules est inclinée en sens inverse de la ligne des hanches. Cette

---

les mauvaises stations, debout ou assises, dans lesquelles les courbures de la colonne vertébrale sont exagérées.

Les attitudes défectueuses qui se présentent le plus fréquemment, sont, pour la station debout :

La cambrure lombaire exagérée dans laquelle le ventre est proéminent et qui est accompagnée d'une flexion exagérée de la région cervicale.

La voussure du dos, les épaules tombantes et portées en avant;

Les stations hanchées trop accentuées.

Les mauvaises attitudes assises sont aussi de plusieurs sortes :

La station sur le bord du siège, le dos voûté;

La station assise avec exagération de la cambrure lombaire;

La station uni-fessière avec courbure latérale de la colonne vertébrale, attitude que prennent souvent les élèves en écrivant.

Un procédé très simple et très efficace pour rectifier les attitudes consiste à placer les élèves debout et adossés contre un mur de manière à ce que les talons, les fessiers, les épaules et la tête soient en même temps en contact avec la paroi verticale.

Cette attitude fatigante sera répétée assez fréquemment et maintenue pendant quelques minutes.

attitude n'est pas symétrique, elle doit donc être prise tantôt sur le pied droit, tantôt sur le pied gauche; c'est une attitude de repos.

3. *Station assise.* — Il est important dans la station assise que

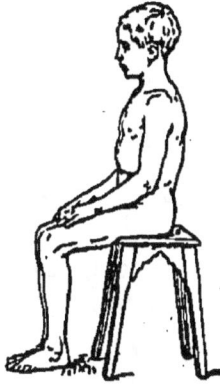

Bonne station assise.

Dos rond | Cambrure exagérée. | Incurvation latérale.

Mauvaises stations assises.

le tronc resté vertical. On a constaté que des déviations de la colonne vertébrale peuvent être le résultat de mauvaises attitudes maintenues longtemps pendant les classes.

4. *Station accroupie.* — Le corps repose sur les membres inférieurs fléchis dans tous leurs segments; les talons sont réunis,
les pieds et les genoux sont réunis ou légèrement écartés.

Station accroupie, les genoux écartés.   Station accroupie, les genoux réunis.

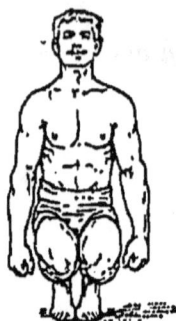

5. *Suspension allongée.* — Le corps est suspendu par les mains,
les avant-bras en pronation ou en supination; les membres supérieurs sont verticaux, bien allongés; les membres inférieurs
réunis pendent sans effort; la tête est en extension. Cette suspension ne nécessite que des contractions musculaires très res-
treintes. Si elle s'exécute à une grosse barre ou à un montant
d'échelle, le pouce est juxtaposé aux autres doigts.

Suspension allongée.   Suspension fléchie.

6. *Suspension fléchie.* — Le corps est suspendu par les mains;
les membres supérieurs sont fléchis et la tête en extension; les

membres inférieurs sont réunis et non contractés, les mains à l'écartement des épaules.

7. *Appui tendu.* — Le corps repose sur les mains, les membres supérieurs étendus, la tête droite, les épaules effacées et abaissées, les membres inférieurs réunis et sans contraction.

8. *Appui fléchi.* — Le corps repose sur les membres supérieurs fléchis et contractés.

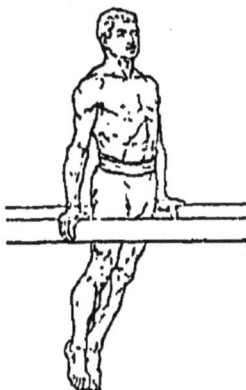

Appui tendu.
Bonne attitude.

Appui fléchi.

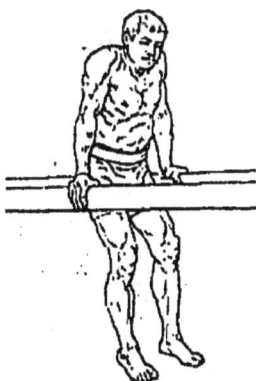

Appui tendu. — Mauvaise attitude.

Remarque. — On est en suspension ou en appui si, en cessant la contraction musculaire, la pesanteur du corps n'étant plus contre-balancée, tend à produire soit l'extension, soit la flexion des membres supérieurs.

9. *Fente en avant.* — Les talons sont sur la même ligne antéro-postérieure, les pieds ouverts à angle droit; le membre inférieur porté en avant est fléchi, l'autre est tendu. L'écartement des pieds est en rapport avec la longueur des jambes.

Fente en avant.

10. *Fente latérale.* — Les membres inférieurs sont écartés latéralement sous un angle de 60° environ.

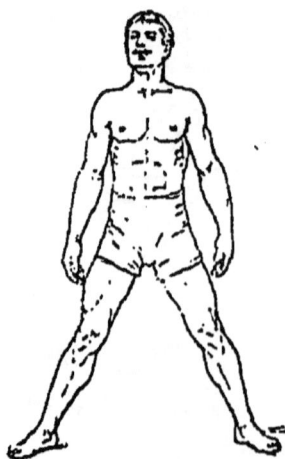

Fente latérale.

11. *Position d'escrime.* — Fente en avant, les membres inférieurs fléchis, la jambe perpendiculaire au sol.

Position d'escrime.   Position de boxe.

12. *Position de boxe.* — Demi-fente en avant, les membres inférieurs légèrement fléchis.

ART. 2.

Tous les mouvements gymnastiques sont la combinaison des
mouvements simples des pièces du squelette. Ces mouvements
simples en rapport avec la structure des articulations sont ré-
sumés dans le tableau suivant :

MOUVEMENTS DES ARTICULATIONS DU SQUELETTE.

Tête.

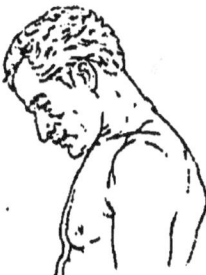

Flexion de la tête.   Extension de la tête.

IMPRIMERIE NATIONALE.

EXERCICES GYMNASTIQUES.

Tête.

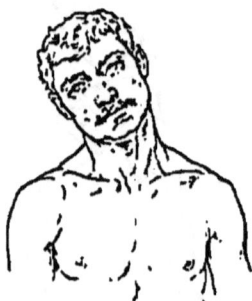

Inclinaison latérale de la tête.

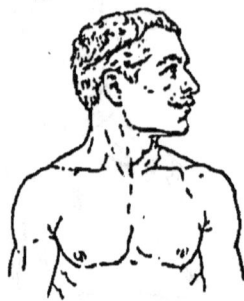

Rotation de la tête.

Tronc.

Flexion du tronc.

Extension du tronc.

Tronc.

Flexion latérale du tronc.   Torsion du tronc à droite ou à gauche.

La circumduction est la succession des mouvements précédents.

Épaule.

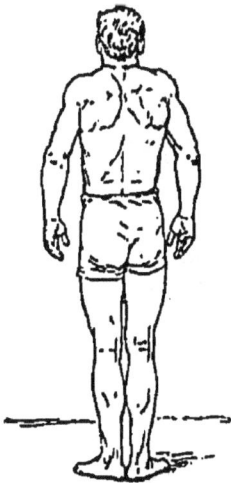

Élévation. — Abaissement   Adduction   Abduction
des épaules.   ou rapprochement   ou effacement
     des épaules.   des épaules.

EXERCICES GYMNASTIQUES.

La circumduction se compose de la succession des mouvements précédents.

MEMBRE SUPÉRIEUR.

Bras.

Horizontale.

Verticale.

 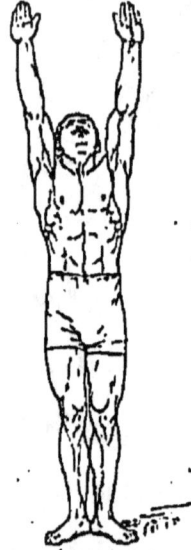

Abduction ou élévation des bras en avant.

Horizontale.

Verticale.

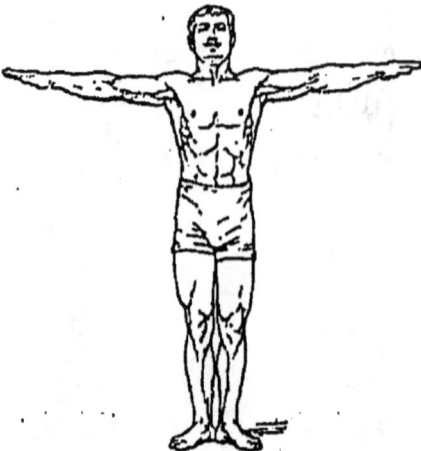 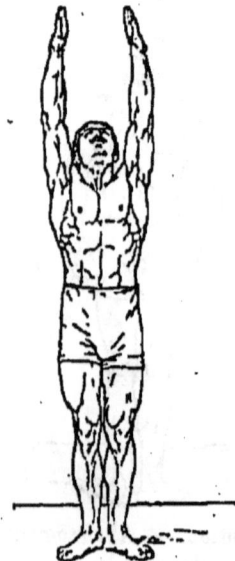

Abduction ou élévation latérale des bras.

Bras.

Abduction des bras en arrière   Adduction des bras.

En dedans.   En dehors.

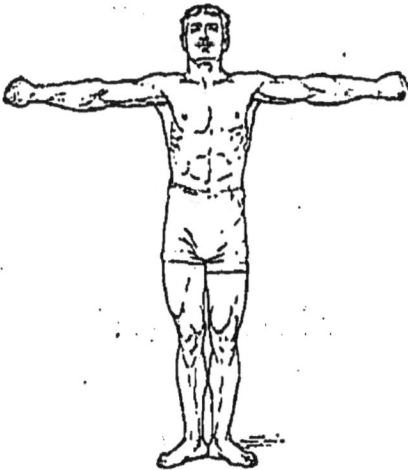 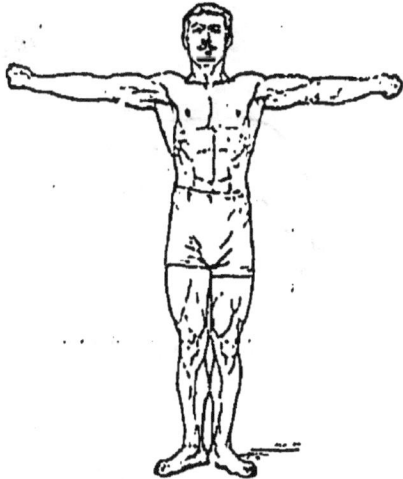

Rotation des bras.

La circumduction du bras se compose des mouvements précé-

dents; le bras décrit ainsi un cône ayant pour centre l'articulation de l'épaule.

Avant-bras.

Flexion de l'avant-bras.

Extension de l'avant-bras.

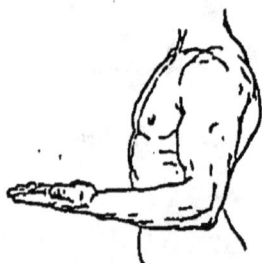

Supination de l'avant-bras.

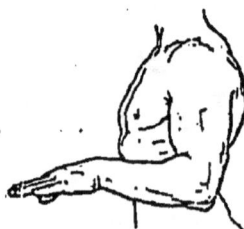

Pronation de l'avant-bras.

Poignet.

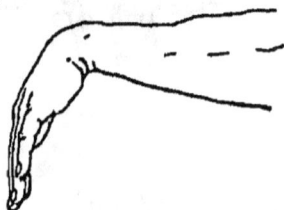

Flexion du poignet.

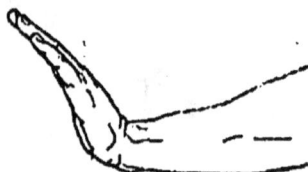

Extension du poignet.

Mouvement latéral du poignet.

Doigts.

Flexion des doigts.   Extension des doigts.

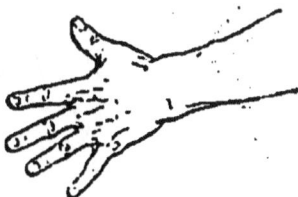

Abduction de doigts.   Adduction des doigts.

MEMBRE INFÉRIEUR.

Cuisse.

Flexion de la cuisse.   Extension de la cuisse.   Abduction latérale de la cuisse.

Adduction de la cuisse.   Rotation de la cuisse
en dedans.   Rotation de la cuisse
en dehors.

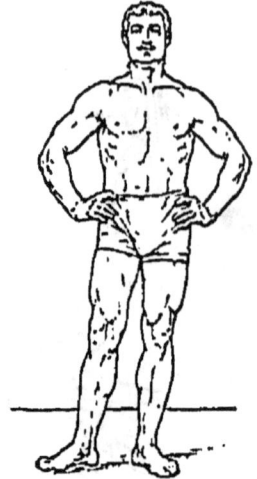

Jambe.

Flexion de la jambe.   Extension de la jambe.

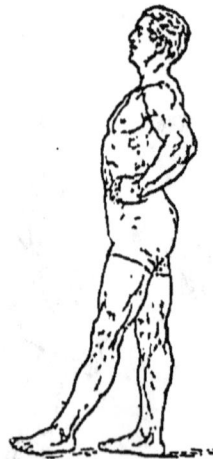

Il y a aussi une rotation légère dans la flexion.

Cheville du pied.

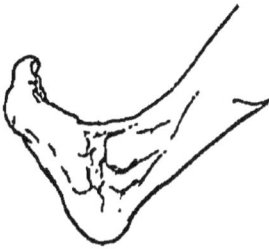

Flexion du pied.　　　　Extension du pied.

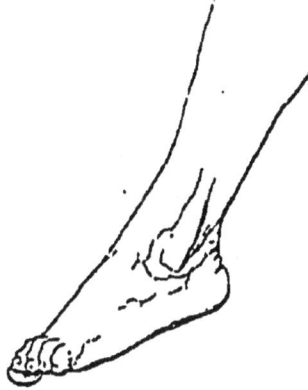

Orteils.

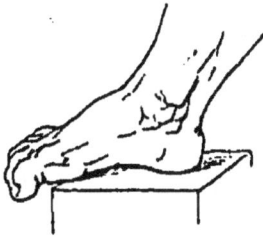

Flexion des orteils.　　　　Extension des orteils.

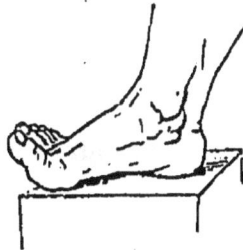

OBSERVATION. — Au début des cours, le professeur fera exécuter au commandement les mouvements simples articulaires afin d'habituer les élèves à obéir à un rythme donné, mais il ne s'attardera pas longtemps à ce genre d'exercice. Dès que l'attention des élèves cessera d'être soutenue, il passera aux mouvements combinés.

Le but des mouvements simples est d'obtenir l'indépendance des contractions musculaires, aussi doit-on veiller à la correction parfaite et à l'immobilité complète des parties du corps non mises en jeu. Les mouvements exécutés par la partie droite du corps seront de plus exactement répétés par la partie gauche.

Les mouvements simples des membres supérieurs en extension se feront, de préférence, les doigts joints et étendus.

Art. 3.

DES COMMANDEMENTS.

Afin d'éviter le désordre et pour être assuré que tous les élèves participent également aux exercices, les mouvements gymnastiques sont exécutés au commandement du maître.

Les commandements sont :

Attention, pour avertir et se mettre en station droite;

Marche, pour exécuter le mouvement;

Halte, pour le terminer.

Les commandements peuvent être faits au sifflet dès que les élèves sont bien exercés; un coup prolongé indique : commencez l'exercice; deux coups : cessez l'exercice.

On commandera :

En position, pour prendre les attitudes;

Fixe, pour les quitter;

Repos, pour suspendre l'exercice.

Remarque. — On pourra faire cesser un exercice en commandant *halte*, sur le dernier temps, ou bien entre l'avant-dernier et le dernier temps.

Art. 4.

DE LA CADENCE DES MOUVEMENTS COMMANDÉS.

Les mouvements sont divisés en *temps* de différentes valeurs; la valeur de ces temps règle la *cadence*.

La *cadence* des mouvements pour les classes supérieures sera de 120 à la minute pour les flexions et extensions des membres; de 90 pour les membres supérieurs étendus et de 60 pour la tête et les membres inférieurs étendus. Les mouvements du tronc seront encore plus lents.

Ces cadences seront d'ailleurs en rapport avec la taille des élèves et d'autant plus vives que la taille est plus petite, sans toutefois être exagérées.

CHAPITRE II.

FORMATION DES DISTANCES.

Il est utile de varier la manière de prendre les distances afin d'éviter la monotonie.

1re MANIÈRE.

Les élèves alignés se numérotent de droite à gauche par quatre.

Le professeur commande :

Numéros pairs, deux pas en avant. Marche ;

ou bien, après avoir fait faire par le flanc :

Un pas vers la droite et vers la gauche. Marche.

Dans ce cas les numéros pairs vont à droite et les numéros impairs à gauche.

2° MANIÈRE.

Le professeur commande :

En avant, prenez les distances. Marche.

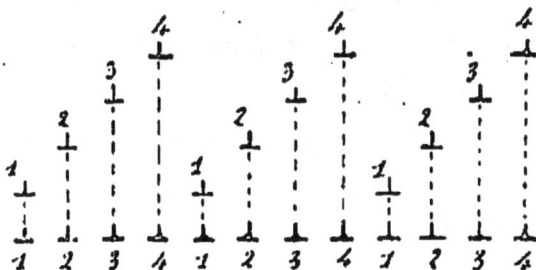

Les élèves font autant de pas qu'il y a d'unités dans leur numéro : le numéro 1 fait un pas ; le numéro 2, deux pas, etc. Cette

formation permet la plupart des exercices avec instruments portatifs, et pas un élève n'échappe ainsi à la vigilance du maître.

3ᵉ MANIÈRE.

Le professeur commande :

*Sur la file de droite (de gauche ou du centre) prenez la grande
distance. — Marche.*

Tous les élèves tournent la tête du côté de la file indiquée qui
reste fixe, ils marchent latéralement à pas précipités en sens
inverse de la file de base en étendant progressivement et latéralement les bras, la paume des mains en dessous, les doigts allongés et à quelques centimètres de ceux de l'élève qui les précède.

Au commandement de *fixe*, ils prennent la station droite.

4ᵉ MANIÈRE.

Le professeur commande :

A droite en ligne. Marche.

Les numéros 1 font par le flanc droit et les numéros 2, 3 et 4
viennent se placer en ligne à leur gauche. On fait ensuite prendre
la grande distance (3ᵉ manière).

Pour revenir sur un rang le professeur commande :

Serrez les intervalles (sur la droite ou sur la gauche), puis *A
gauche en ligne. Marche.*

A ce dernier commandement, les numéros 4 font par le flanc
gauche et les numéros 3, 2 et 1 viennent se placer en ligne à la
droite des numéros 4.

5ᵉ MANIÈRE.

Les élèves étant numérotés de la droite à la gauche à l'exception du guide, le professeur peut faire prendre les distances
vers la droite, vers la gauche ou sur le centre à un ou plusieurs
pas; mais on recommande aux instructeurs pour plus de simpli-
cité de préférer la droite.

Dans ce cas, le professeur commande :

Sur la droite, à un pas prenez vos intervalles. Marche.

A ce commandement, les élèves font par le flanc gauche et autant de pas qu'il y a d'unités dans leur numéro, puis font à droite et s'alignent. Si l'instructeur commande : *à deux* ou *trois pas*, les élèves font deux ou trois fois autant de pas qu'il y a d'unités dans leur numéro.

Pour reprendre la position primitive le professeur commande :

Sur la droite serrez les intervalles. Marche.

Les élèves font par le flanc droit, se rapprochent de la base et s'alignent.

6ᵉ MANIÈRE.

Les élèves étant en marche sur une ligne, le professeur commande :

Formez le cercle. Marche.

Le premier décrit une courbe et va rejoindre le dernier. Le professeur peut alors faire exécuter quelques mouvements d'assouplissement soit pendant la marche, soit après le commandement de *halte*.

Pour les remettre en ligne le professeur commande :

En avant. Marche.

Le premier élève marche droit devant lui jusqu'au commandement de *halte* donné lorsque le cercle est complètement développé.

L'instructeur peut encore placer les élèves en carré en commandant plusieurs fois de suite *par file à gauche* ou *par file à droite* à des distances convenables.

ART. 2.

DES EXERCICES D'ORDRE.

Les instructeurs devront adopter comme exercices d'ordre les mouvements élémentaires en usage dans l'infanterie (école du soldat), tels que les principes d'alignement, la marche, le dou-

blement et le dédoublement des files, les ruptures et les rassemblements [1].

Art. 3.

MARCHES ET ÉVOLUTIONS.

1. Marche des gymnastes. — Les élèves étant placés sur un
rang, numérotés, et en marche, le professeur commande :

Par file à gauche et à droite deux fois. Marche.

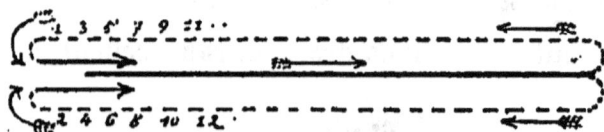

Le numéro 1 fait par file à gauche deux fois, et tous les numéros impairs à la place même où le premier a changé de direction font de même : les numéros pairs font par file à droite deux
fois à la même place; lorsque tous les élèves sont sur deux files,
marchant d'un pas régulier, le professeur commande :

Doublez les files.

Les numéros 1 et 2 doublent ensemble en faisant par file à
gauche et par file à droite deux fois à l'intérieur; tous les numéros pairs et impairs doublent successivement à la même place.
Le professeur répète alors le premier commandement; les deux
premiers élèves font à gauche deux fois, les deux seconds à
droite deux fois, puis doublent sur quatre rangs à la répétition
du deuxième commandement. On peut ainsi doubler par huit et
par seize.

A ce moment le professeur commande :

Par le flanc droit, par file à gauche deux fois. Marche.

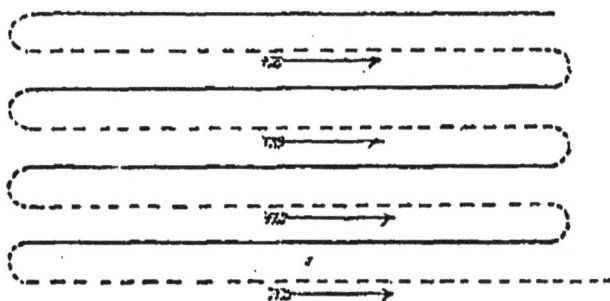

Le numéro 1, après avoir exécuté le mouvement indiqué, marche droit devant lui; les premiers des autres rangs reprennent leur place à la suite du dernier de chaque rang qui précède. Ayant ainsi décrit une espèce de marche serpentine, la section se trouve en ligne.

2. MARCHE EN SPIRALE. — Le professeur commande :

A droite ou à gauche. — Formez la spirale. Marche.

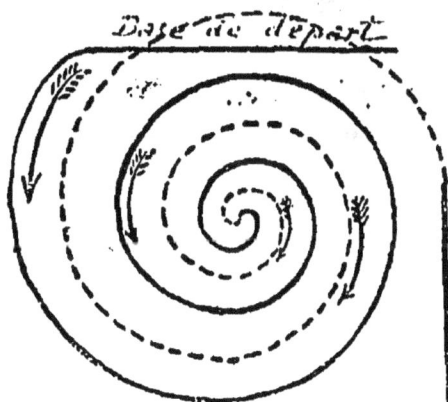

Le premier élève s'avance en décrivant un arc de courbe dont le rayon décroît progressivement; il forme ainsi une spirale dont il occupe le centre; il fait ensuite par file à gauche ou par file à droite deux fois, déroule la spirale en passant dans les espaces libres. Alors le professeur commande : *En avant. Marche*, et l'élève qui conduit marche droit devant lui. Le professeur arrête la section lorsqu'elle est en ligne.

Pour bien exécuter cette marche, il faut mettre à la tête de la section un élève exercé. Le professeur la conduira quelquefois.

3. **Chaînes gymnastiques.** — Les élèves étant en marche, le professeur commande :

Formez les chaînes gymnastiques. Marche.

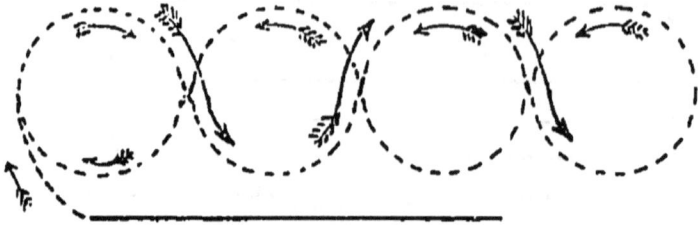

Base de départ.

Les élèves s'espacent de 1 m. 50 environ et celui qui dirige la section forme des courbes allongées en sens inverse qui lui permettent, en revenant sur lui-même et en traversant les lignes, de réaliser la figure d'un ou plusieurs *huit* par des cercles tangents.

Il faut bien observer que deux élèves ne passent pas dans le même espace au croisement des lacets.

4. **Marches en cercles.** — 1° Les élèves étant en marche sur un rang et divisés en quatre sections [1]; le professeur commande :

Formez le cercle. Marche.

Le numéro 1 décrit une courbe et rejoint le dernier numéro. Quand le cercle est régulier et le pas réglé, le professeur commande :

Formez les cercles. Marche.

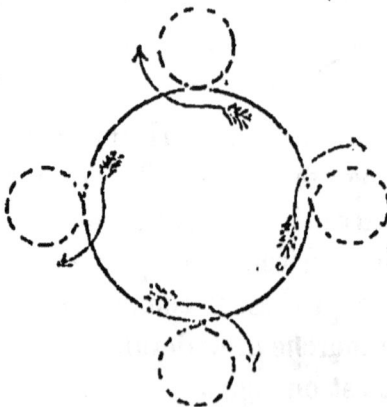

---

[1] Chaque section suit son chef de file.

Les numéros 1 prennent un instant la direction de la tangente, décrivent un cercle en sens inverse et se placent à la suite des derniers numéros en formant des cercles tangents au cercle primitif.

Au commandement de :

Reformez le cercle. Marche,

Les numéros 1 vont passer sur la ligne du premier cercle et ces mêmes numéros reprennent la première direction.

2° On peut aussi former des cercles concentriques. Les élèves sont alors numérotés du premier au dernier.

Le professeur commande :

Formez le cercle intérieur. Marche.

Le numéro 1 passe alors à l'intérieur en faisant par file à droite (*ou à gauche*) deux fois; tous les numéros impairs et successivement,

à la même place, exécutent le même mouvement. Les deux cercles marchent alors en sens inverse. Le professeur commande :

Reformez le cercle. Marche.

Lorsque le numéro 1 passe près du numéro 2; il fait alors par file à gauche (*ou à droite*) deux fois, reprend sa première place et successivement tous les numéros impairs font de même.

D'après les mêmes principes on peut former un *cercle extérieur concentrique.*

Pour obtenir un cercle *extérieur tangent,* le premier élève puis tous les numéros impairs successivement se dirigent un instant

suivant la tangente; ils décrivent un cercle de la grandeur du premier et continuent de marcher sur la même ligne pendant plu-

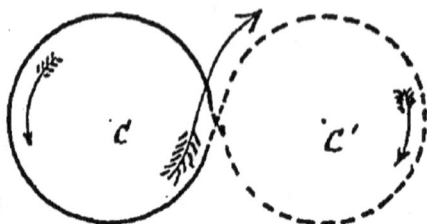

sieurs tours jusqu'à ce que les numéros 1 et 2 venant à se rencontrer, le professeur commande :

Rentrez dans le cercle.

A ce moment le professeur peut encore commander :

Cercles entrelacés.

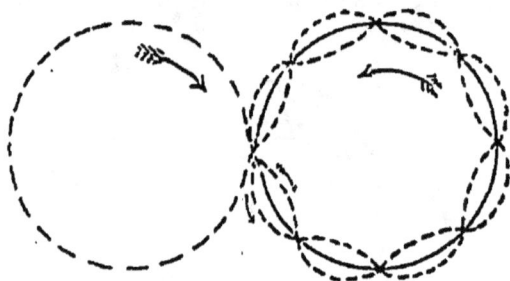

Alors le numéro 1, au lieu de faire par file à droite (*ou à gauche*)
deux fois, continue à marcher en sens inverse du premier cercle
en passant alternativement dans tous les espaces qui séparent les
numéros pairs, tous les numéros impairs exécutant le même
mouvement au fur et à mesure de leur rentrée.

5. AILES DE MOULIN. — Les élèves marchent en cercle comme
dans la figure précédente. Au commandement de :

Formez les ailes de moulin. Marche,

Les numéros 1 marquent le pas, les derniers numéros de chaque section se dirigent vers le centre, et les autres numéros se
placent en ligne entre les deux premiers.

Le professeur commande alors :

En avant. Marche.

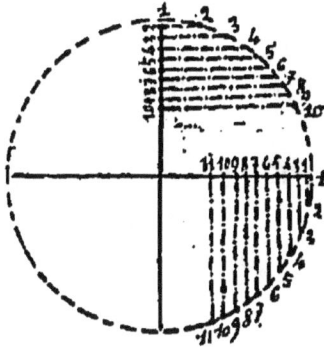

Les numéros 1 marchent au *pas accéléré*, tous les autres, la tête tournée vers l'aile marchante, se touchent les coudes dans la direction du centre et raccourcissent le pas d'autant plus qu'ils en sont plus rapprochés.

Pour reformer le cercle, les numéros 2 et suivants font par le flanc droit vers les numéros 1 et se replacent à la file derrière eux.

5. Marche serpentine. — Cette marche est assez indiquée par son nom; chaque élève doit suivre exactement les sinuosités décrites par celui qui le précède.

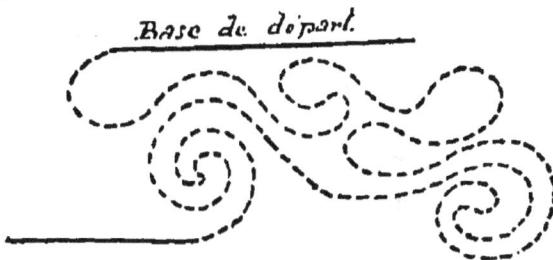

Base de départ.

Remarque. — Toutes ces évolutions peuvent se faire au pas *gymnastique*. Dans tous les cas, elles ont l'avantage de permettre des marches relativement longues dans un espace restreint.

CHAPITRE III.

MOUVEMENTS D'ENSEMBLE LES MAINS LIBRES.

——

OBSERVATIONS PARTICULIÈRES AUX MOUVEMENTS LIBRES.

Les mouvements d'ensemble les mains libres présentent beaucoup d'avantages.

S'ils forment une série complète et sont exécutés avec ampleur et vigueur, ils sont suffisants au développement normal du corps et à l'entretien de la santé.

Ils sont naturels, faciles à exécuter et produisent le meilleur effet pour l'assouplissement et la coordination des mouvements.

Ces mouvements conviennent au jeune enfant chez qui l'on ne doit pas susciter d'efforts violents ni chercher à produire le développement exagéré du système musculaire avant l'ossification du squelette.

Les mouvements libres ont aussi l'avantage de pouvoir être exécutés partout et simultanément par un grand nombre.

La leçon d'ensemble sera attrayante et utile si le professeur sait combiner intelligemment les mouvements simples; il pourra ainsi composer une grande quantité de leçons variées en suivant un plan unique.

Dans chaque série d'exercices toutes les parties du corps devront être mises en action, et l'on s'attachera surtout à la beauté des attitudes, à la correction et à l'amplitude des mouvements.

On répétera le plus fréquemment les mouvements étendus des membres supérieurs qui favorisent l'ampliation de la poitrine.

ART. 1ᵉʳ. — MOUVEMENTS COMBINÉS.

1ᵉʳ EXEMPLE.

Flexion et extension simultanée des membres supérieurs et inférieurs.

1. Fléchir la cuisse et la jambe gauche en amenant les poings aux épaules.

2. Étendre la jambe et les bras en avant.

3. Revenir à la position 1.

4. Station droite.

Répéter le mouvement de la jambe droite.

L'extension du membre supérieur peut se faire horizontalement, latéralement ou verticalement.

2ᵉ EXEMPLE.

S'élever sur la pointe des pieds avec mouvement des bras.

1. Poings aux épaules, mains fermées.

2. S'élever sur la pointe des pieds et étendre verticalement les bras et les doigts.

3. Fléchir les membres supérieurs en restant sur la pointe des pieds.

4. Station droite.

Ce mouvement peut s'exécuter en deux temps, les bras étendus avec élévation latérale, élévation en avant et circumduction complète des bras.

3ᵉ EXEMPLE.

Mouvement des bras avec pronation et supination de l'avant-bras, et rotation du bras en 6 temps.

1. Élever latéralement les bras étendus à la position horizontale, mains ouvertes, en pronation.

2. Mouvement de supination avec rotation des bras en dehors.

3. Élever verticalement les bras.

4. Abaisser horizontalement les bras.

5. Pronation avec rotation des bras en dedans.

6. Station droite.

4ᵉ EXEMPLE.

Se fendre en avant alternativement de la jambe gauche (droite)
avec mouvement des bras étendus.

Position : Station droite, les bras étendus et en abduction horizontale en avant.

1. Se fendre de la jambe gauche en écartant les bras latéralement.

2. Revenir à la position.

3. 4. 5. Mêmes mouvements en se fendant de la jambe droite.

Exécuter le même mouvement.

1° En élevant les bras étendus.

2° En les portant dans l'abduction en arrière et en les ramenant toujours au 2ᵉ temps à la position horizontale et au parallélisme.

Ces trois exercices combinés peuvent en former un seul en 6 temps. Ils doivent être exécutés avec une grande amplitude et à un rythme modéré, les doigts étendus.

5ᵉ EXEMPLE.

Se fendre alternativement de la jambe gauche (droite) avec extension
puis circumduction du bras droit (gauche).

Position : Station droite, les poings aux épaules.

1. Se fendre en avant de la jambe gauche avec extension horizontale du bras droit en avant.

2. Circumduction du bras droit.

3. Revenir à la position.

On exécutera cet exercice en progressant.

Pour cela, au temps 3 on restera fendu à droite, et on continuera le mouvement en se fendant de la jambe gauche et en étendant le bras droit.

On pourra exécuter simultanément le mouvement des deux bras en restant en station droite.

6° EXEMPLE.

1° *Flexion des membres inférieurs avec balancement des bras*
(préparation à l'impulsion du saut).

Position : Station droite, les bras élevés et étendus.

1. Fléchir les membres inférieurs en abaissant vivement les bras et en les portant en abduction en arrière. .

2. Se relever immédiatement en projetant vivement les bras en l'air sans les fléchir.

A la position 1, le corps repose sur la pointe des pieds, les talons joints, les genoux légèrement écartés.

Répéter ce mouvement plusieurs fois de suite; au commandement de *fixe*, revenir à la station.

2° *Flexion des membres inférieurs avec élévation verticale des bras*
(préparation à la chute des sauts).

Position : Station droite.

1. Flexion des membres inférieurs avec élévation verticale des bras étendus.

2. Retour à la station droite.

Résister à la chute du corps et ne pas exagérer la flexion des membres inférieurs. Maintenir l'équilibre.

7° EXEMPLE.

Marquer le pas avec mouvement des bras, en 4 temps.

1. Lever le genou gauche (droit), jambe fléchie, pointe du pied baissée en fléchissant les avant-bras.

2. Poser le pied par la pointe en étendant les bras verticalement.

3. Ramener les poings aux épaules en levant le genou droit.

4. Étendre les bras le long du corps en posant le pied droit à
terre.

Dans cet exercice, le mouvement d'extension des bras peut se
faire horizontalement en avant ou latéralement.

On peut combiner aussi ces mouvements de bras dans un seul
exercice en 12 temps en continuant à marquer le pas et en faisant coïncider les appuis des pieds tantôt avec les flexions, tantôt
avec les extensions des avant-bras.

8ᵉ EXEMPLE.

*Élévation des bras avec extension alternative de la cuisse gauche
et de la cuisse droite.*

1. Lancer en avant les bras jusqu'à la verticale avec extension
de la cuisse gauche, la jambe étendue.

2. Revenir à la station droite.

3. Répéter l'exercice 1 en étendant la cuisse droite.

4. Retour à la station droite.

On peut exécuter cet exercice avec abduction latérale des membres supérieurs et inférieurs.

9ᵉ EXEMPLE.

*Se fendre alternativement en arrière de la jambe gauche (ou droite)
en lançant et étendant les bras en avant horizontalement et latéralement.*

Position : Station droite, poings aux épaules.

1. Se fendre en arrière de la jambe gauche en étendant et
écartant vigoureusement les bras.

2. Revenir à la position.

3. Répéter le même mouvement, en se fendant de la jambe
droite.

4. Station droite.

Remarque. — Ce mouvement peut être exécuté en se fendant en avant
ou latéralement et en combinant les fentes en arrière, en avant et de côté,

10ᵉ EXEMPLE.

Circumduction de la cuisse avec mouvement des bras, en 4 temps.

1. Fléchir la cuisse gauche, jambe étendue, avec abduction des bras en arrière.

2. Abduction latérale de la cuisse et des bras.

3. Abduction de la cuisse en arrière en portant les bras en avant.

4. Station droite.

Exécuter le même exercice de la jambe droite et continuer ainsi alternativement dans un rythme lent.

11ᵉ EXEMPLE.

1. Flexion du tronc, les bras pendant verticalement, les doigts étendus (toucher la pointe des pieds, les jambes restant tendues).

2. Extension du tronc et de la tête avec rotation des bras et mouvement de supination des avant-bras.

12ᵉ EXEMPLE.

Flexions et extensions successives du tronc.

Position : Bras élevés verticalement, mains tendues, paumes en avant.

1. Flexion lente du tronc.

2. Retour à la position.

3. Extension lente du tronc et de la tête.

4. Retour à la position.

5. Flexion lente du tronc à droite.

6. Retour à la position.

7. Flexion lente du tronc à gauche.

8. Retour à la station droite.

Ces mouvements du tronc, exécutés d'une façon continue, les poings sur les hanches, et sans revenir à la station droite, donnent lieu à une sorte de circumduction du tronc que l'on fera lentement, sans mouvements de tête, de droite à gauche ou de gauche à droite.

13ᵉ EXEMPLE.

Torsion du tronc avec lancer des bras dans un plan horizontal.

Position : Fente latérale, les poings aux épaules.

1. Lancer vivement les poings en avant puis à gauche;

2. Lancer les poings à droite en décrivant une courbe en avant dans un plan horizontal.

14ᵉ EXEMPLE.

Flexions et extensions du tronc avec mouvement des bras.

1. Élévation verticale des bras étendus.

2. Flexion lente du tronc avec abaissement des bras étendus, jambes tendues.

3. Flexion des membres inférieurs en portant les bras étendus à la position horizontale.

4. Station droite.

15ᵉ EXEMPLE.

1. Flexion du tronc, les bras pendant verticalement.

2. Extension lente du tronc avec circumduction complète des bras étendus et profonde inspiration en élevant le corps sur la pointe des pieds.

16ᵉ EXEMPLE.

Position : Fente latérale, les bras élevés verticalement.

1. Flexion du tronc et des membres inférieurs avec balancement des bras de haut en bas.

2. Extension du tronc et des membres inférieurs, balancement des bras de bas en haut avec circumduction complète des bras étendus.

Mouvements combinés du tronc et des membres supérieurs et inférieurs.

1. Élévation verticale des bras sans flexion, les doigts étendus.

2. Flexion du tronc avec abaissement des bras.

3. Flexion des membres inférieurs avec élévation horizontale des bras.

4. Mains sur le sol.

5. Extension des membres inférieurs, station sur les mains et les extrémités des pieds.

6 et 7. Flexion et extension des bras, le corps bien allongé.

8. Retour à la station accroupie, les bras en avant.

9. Station verticale.

Remarque. — Les temps 6 et 7 peuvent être répétés plusieurs fois. On peut aussi remplacer la flexion et l'extension des bras par l'abduction latérale et alternative des membres supérieurs.

MOUVEMENTS D'ENSEMBLE AVEC PROGRESSION.

Une grande partie de ces mouvements combinés devront se faire en progressant. Exemple :

Balancement alternatif des bras en avant et en arrière en progressant.

1. Se fendre de la jambe gauche en élevant le bras droit étendu.

2. Abaisser le bras droit.

3. Se fendre de la jambe droite en élevant le bras gauche.

4. Abaisser le bras gauche.

Ce mouvement s'exécutera en balançant les deux bras simultanément.

Remarque. — Dans les mouvements avec progression, il est recommandé d'exécuter surtout les circumductions des bras, les mouvements d'abduction horizontale et d'élévation verticale des bras, les rotations du tronc avec balancement des bras.

ART. 2. — SAUTILLEMENTS.

1. SAUTS À CLOCHE-PIED — *a.* Les élèves, les bras fléchis, les coudes en arrière, l'un des membres inférieurs fléchi, progressent en avant par petits sauts sur l'autre membre inférieur, puis alternent en retombant sur l'un et l'autre successivement ou sur le même deux ou trois fois de suite.

b. Sautillement, la cuisse et la jambe fléchies, le genou dans les deux mains, les doigts croisés.

c. Sautillement, une jambe fléchie, le cou-de-pied dans les mains, les bras en arrière.

Remarque. — Les élèves pourront exécuter ces différents sautillements isolément, en ligne ou en cercle.

2. SAUTILLEMENTS AVEC FENTE LATÉRALE. — Les élèves sautent sur place et retombent sur la pointe des pieds, les jambes écartées et légèrement fléchies, puis ressautent en rapprochant les pieds et continuent jusqu'au commandement de *Halte.*

3. SAUTILLEMENT AVEC FENTE SIMULTANÉE EN AVANT ET EN ARRIÈRE. — Les élèves exécutent des sauts successifs sur place en portant simultanément le pied gauche en avant, le pied droit en arrière et inversement dans le saut suivant. Ils continuent jusqu'au commandement de *Halte*.

4. Les deuxième et troisième exercices peuvent être réunis et s'exécuter alternativement en quatre temps.

5. SAUTILLEMENTS LES JAMBES CROISÉES. — Les élèves sautent et retombent sur la pointe des pieds les jambes croisées; puis ils ressautent et retombent les jambes croisées en sens inverse. Au commandement de *Halte* ils reprennent la station droite.

6. SAUTILLEMENTS AVEC EXTENSION DU TRONC. — Les élèves sau-

tent verticalement les bras étendus et les pieds en arrière avec une forte extension du tronc. Ils retombent sur la pointe des pieds et recommencent le saut jusqu'au commandement de *Halte*.

7. SAUTILLEMENTS AVEC FLEXION DU TRONC. — Les élèves sautent sur place en portant fortement en avant les membres inférieurs étendus pendant la suspension du saut et en revenant chaque fois après la chute à la station verticale.

Ces exercices habituent les élèves aux diverses attitudes qu'ils devront prendre plus tard dans les sauts d'obstacles.

8. SAUTILLEMENTS ACCROUPIS AVEC PROGRESSION. — Les élèves accroupis progressent en avant par petits sauts successifs, les

talons réunis. Au commandement de *Halte*, ils reprennent la station droite.

Remarque. — Éviter d'exagérer la flexion au moment de la chute pour ne pas fatiguer l'articulation du genou.

9. DANSE ACCROUPIE. — Les élèves en station accroupie portent par un sursaut la jambe gauche tendue en avant, le talon reposant sur le sol; puis, par un second sursaut, la ramènent sous le corps, pendant qu'ils étendent la droite et ainsi de suite. (Même remarque qu'au numéro 8.) Cet exercice sera facilité si les élèves qui l'exécutent donnent la main à deux de leurs camarades.

ART. 3. — DANSES.

Les danses seront surtout enseignées dans les écoles normales d'institutrices, on consultera à ce sujet les manuels spéciaux.

ART. 4. — EXERCICES D'ÉQUILIBRE.

Les exercices d'équilibre s'exécutent sur le sol ou sur la poutre élevée à différentes hauteurs. On conservera au corps toute sa souplesse, et ces attitudes ne devront pas être trop prolongées.

1. Station sur le membre inférieur gauche étendu,

l'autre levé et fléchi, les mains sur les hanches, doigts en avant et pouce en arrière.

2. Station sur un des membres inférieurs étendu, l'autre fléchi dans tous ses segments, la pointe du pied dirigée vers le sol.

3. Station sur un des membres inférieurs étendu,

l'autre fléchi, les mains croisées, appuyant le genou contre le corps.

4. Station sur un des membres inférieurs étendu, la jambe droite fléchie, le cou-de-pied dans les deux mains, les épaules effacées.

5. Station sur l'un des membres inférieurs étendu, l'autre en abduction en arrière, les bras étendus et élevés, les mains ouvertes, paumes en avant.

6. Station sur l'un des membres inférieurs étendu,

le droit tendu en abduction horizontale en avant les bras pendants.

Station sur l'un des membres inférieurs étendu, la jambe droite fléchie, le cou-de-pied saisi par la main droite, le bras gauche tendu et élevé verticalement.

8. Station sur l'un des membres inférieurs étendu,

l'autre en abduction latérale, les membres supérieurs en abduction horizontale latérale, les mains ouvertes, paumes en dessous.

On inclinera le corps latéralement pour augmenter la difficulté de l'exercice.

9. Station sur le membre inférieur gauche fléchi, le corps penché en avant, le membre inférieur droit et le supérieur gauche en abduction en arrière, le membre supérieur droit porté en avant.

10. Station sur le membre inférieur gauche fléchi, le droit et les bras tendus en avant.

Remarque. — Il est bien entendu que les attitudes précédentes se prendront alternativement sur l'un ou l'autre membre inférieur.

Art. 5. — EXERCICES PRÉPARATOIRES À LA NATATION.

Les élèves seront exercés aux mouvements préparatoires de la natation, d'abord debout, ensuite couchés sur une sangle, fixée aux petites échelles de corde ou sur un chevalet.

Les enfants seront bientôt assez familiarisés avec ces exercices pour que tout naturellement, sans tension d'esprit, ils en fassent l'application dans l'eau.

Mouvements exécutés debout.

Dans les mouvements debout, les bras doivent s'étendre dans un plan incliné, entre l'horizontale et la verticale.

Pour les mouvements des membres inférieurs, on placera les mains sur les hanches ou on les joindra devant la poitrine.

Mouvement des bras.

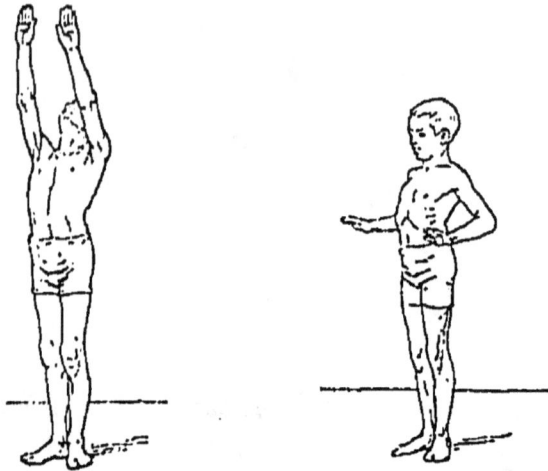

Position : Station droite, mains jointes devant la poitrine.

1. Étendre les bras obliquement en avant et en haut, les mains jointes, en levant la tête.

2. Ramener sans brusquerie les mains au devant de la poitrine. Continuer ainsi jusqu'au commandement de *Halte.*

2ᵉ EXERCICE.

Mouvement du membre inférieur.

Position : Station sur le pied gauche, le membre inférieur droit fléchi avec abduction de la cuisse en dehors.

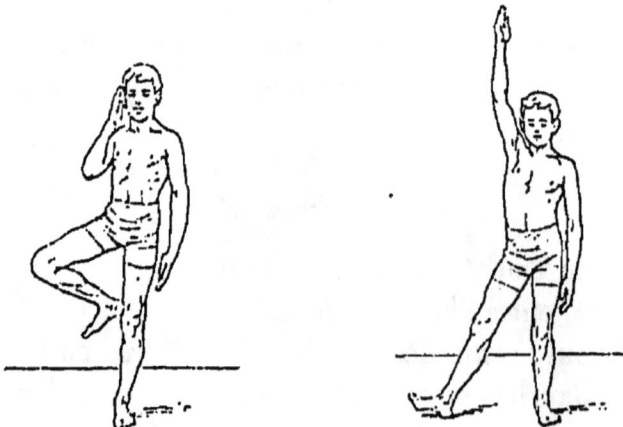

1. Extension du membre inférieur avec flexion du pied.

2. Adduction vive du membre inférieur.

3. Revenir à la position.

Répéter cet exercice en station sur le pied droit et ensuite accompagner le mouvement de la jambe du mouvement du bras correspondant.

3ᵉ EXERCICE.

Mouvement simultané des bras et des membres inférieurs.

Position : Station sur le pied gauche, les mains jointes devant la poitrine, le membre inférieur droit fléchi, la cuisse en abduction.

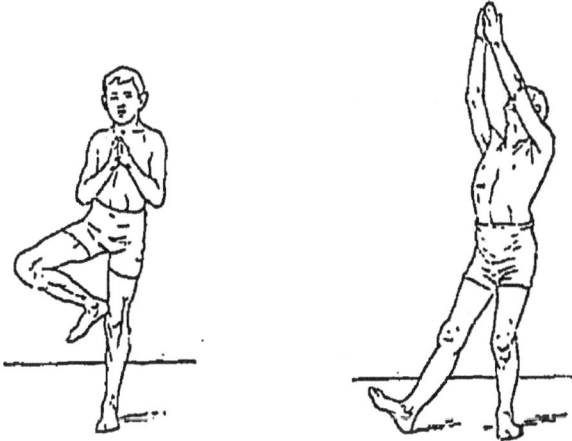

1. Extension oblique des bras en avant et en haut avec extension simultanée du membre inférieur.

2. Adduction vive du membre inférieur avec abaissement latéral des bras suivi de flexion pour revenir à la position 1.

3. Revenir à la position.

Exécuter l'exercice alternativement en station droite et gauche.

Mouvements exécutés sur le chevalet.

Position : L'élève est couché à plat ventre sur une sangle ou chevalet dans l'attitude suivante :

Les coudes au corps, les paumes des mains réunies, les doigts étendus, joints et dirigés en avant, les talons le plus près possible du tronc, les genoux et la pointe des pieds en dehors.

1. Étendre les membres supérieurs, les mains réunies, et les membres inférieurs en abduction latérale, les pieds en flexion.

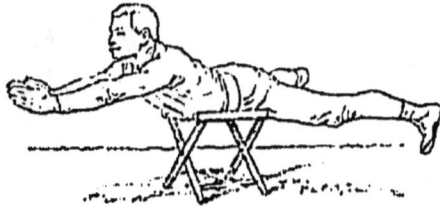

2. Adduction vive des cuisses, membres inférieurs, avec mouvement lent de circumduction des bras.

3. Revenir à la position initiale.

CHAPITRE IV.

MOUVEMENTS D'ENSEMBLE AVEC INSTRUMENTS PORTATIFS.

Pour donner plus de vigueur aux mouvements libres, les élèves pourront exécuter les exercices d'ensemble avec des instruments portatifs.

Les instruments portatifs usités généralement sont de quatre espèces :

Les haltères, les barres, les massues et les cordes à lutter.

ARTICLE PREMIER.

Mouvements exécutés avec les haltères.

Les haltères sont des poids additionnels dont on charge les membres supérieurs; ils ont pour effet d'augmenter l'intensité des contractions musculaires soit par leur poids, soit par leur inertie, en augmentant les résistances à vaincre dans les mouvements.

Il est bon de remarquer qu'ils n'augmentent surtout la résistance que dans le sens de la pesanteur; ce sont seulement les muscles élévateurs de l'épaule et les extenseurs des jambes et du tronc qui bénéficient surtout de leur action dans la station debout.

L'abaissement du bras, la flexion du tronc ne nécessitent pas en effet l'action des adducteurs et des fléchisseurs correspondants, dans une cadence modérée; au contraire, l'action des élévateurs doit intervenir pour modérer la vitesse du mouvement.

L'usage exagéré des haltères, en spécialisant la contraction musculaire, amène promptement une lassitude dans les épaules et dans la région lombaire; on alternera donc les mouvements avec haltères avec les mouvements libres, surtout avec les mouvements de jambes.

Le poids des haltères doit être en rapport avec la force de l'élève; pour l'adulte il ne doit pas dépasser 3 kilogrammes.

Avec les haltères légers on peut exécuter tous les mouvements indiqués dans la leçon sans instruments. Ils ne seront pas régulièrement exécutés avant l'âge de dix à douze ans.

Les mouvements à bras étendus seront faits un moins grand nombre de fois que les mouvements à bras fléchis.

ART. 2.

MOUVEMENTS SPÉCIAUX EXÉCUTÉS AVEC LES BARRES À SPHÈRES.

Les mouvements à exécuter avec les barres à sphères diffèrent de ceux avec haltères par la solidarité des membres supérieurs, ce qui entraîne la symétrie des mouvements et ce qui permet les luttes deux à deux.

Les mouvements caractéristiques de la barre à sphères consistent, la barre étant saisie par les mains en pronation, à faire décrire aux bras un mouvement de circumduction et à amener ainsi la barre en arrière jusqu'au contact du corps.

Ces mouvements ne doivent pas être fréquemment répétés, ils fatiguent beaucoup l'articulation de l'épaule et les muscles élévateurs des bras constamment mis en jeu.

La symétrie des mouvements des bras contribue à l'effacement des épaules et à la dilatation thoracique; mais il faut éviter l'exagération de la cambrure lombaire.

Une grande partie des mouvements libres peuvent être exécutés avec des barres, il n'est indiqué ici que des exercices caractéristiques de ces instruments.

Tous les enfants peuvent être exercés aux mouvements de la barre à sphères. D'un poids de 400 grammes à 1 kilogramme pour les élèves de 6 à 10 ans, elle sera en bois ou en fer d'un poids de 1 à 2 kilogr. 500 pour les élèves de 10 à 14 ans et de 2 à 4 kilogrammes pour les jeunes gens de 14 à 17 ans.

La longueur de la barre sera de 1ᵐ 30 à 1ᵐ 40 pour les élèves au-dessous de 14 ans, et de 1 m. 40 à 1 m. 50 pour les jeunes gens au-dessus de cet âge.

1er EXERCICE.

Élever la barre et la descendre derrière la tête avec flexion des bras, en 4 temps.

2e EXERCICE.

Élever alternativement le bras gauche ou le bras droit, les mains écartées, en portant la barre derrière l'épaule opposée, en 4 temps.

3e EXERCICE.

Faire passer la barre autour du corps, en 4 temps.

1° Élever le bras droit.

2° Circumduction du bras droit d'avant en arrière.

3° Élever le bras gauche.

4° Circumduction du bras gauche d'arrière en avant.

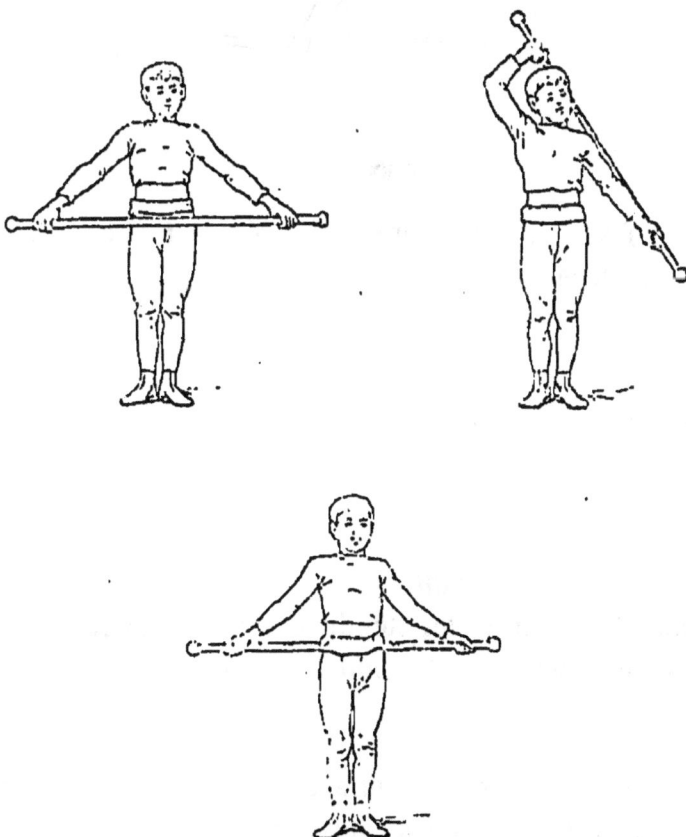

4ᵉ EXERCICE.

La barre restant horizontale, l'élever au-dessus de la tête et la
descendre derrière le corps, en 4 temps.

5ᵉ EXERCICE.

Par une circumduction des bras passer la barre derrière le
corps, en 2 temps.

6ᵉ EXERCICE.

Abduction verticale des bras allongés et torsion du tronc à
droite et à gauche, en 4 temps.

7ᵉ EXERCICE.

Flexion latérale du tronc, les bras élevés et les mains écartées.

8ᵉ EXERCICE.

Position : Fente en avant.

Mouvement de manivelle, étendu d'avant en arrière ou d'arrière
en avant avec flexion et extension complètes du tronc.

9ᵉ EXERCICE.

Flexion des membres inférieurs en portant alternativement et
verticalement la barre sur les côtés, en 4 temps.

10ᵉ EXERCICE.

Élever la barre au-dessus de la tête et la descendre derrière le corps en se fendant en avant, en 8 temps, les mains écartées.

11ᵉ EXERCICE.

Élever la barre et la passer derrière le corps en se fendant en avant, en 4 temps.

12ᵉ EXERCICE.

Passer au-dessus de la barre le pied droit puis le pied gauche.

Mouvements exécutés deux à deux.

Les élèves sont placés à la distance de la longueur des barres et se font face. Ils tiennent chacun les extrémités des deux barres.

13ᵉ EXERCICE.

Élévation et abaissement latéral des bras en 2 ou 4 temps.

14ᵉ EXERCICE.

Élévation latérale des bras avec flexion des membres inférieurs, en 2 temps

15e EXERCICE.

Se fendre latéralement à gauche ou à droite alternativement, en élevant le bras du même côté, en 4 temps.

16e EXERCICE.

Position : Fente en avant.

Balancement alternatif des barres en avant et en arrière, en 2 temps.

Position : Fente en avant.

Balancement simultané des barres en avant et en arrière, en 2 temps.

Position : Fente en avant.

Balancement alternatif des barres en avant et en arrière, les bras tendus au-dessus de la tête, en 2 temps, les sphères dans la paume des mains.

Position : Fente en avant.

Balancement simultané des barres en avant et en arrière, les bras tendus au-dessus de la tête, en 2 temps.

20ᵉ EXERCICE.

Élever les bras simultanément au-dessus de la tête et les abaisser en faisant chaque fois demi-tour comme dans un pas de valse.

21ᵉ EXERCICE.

Position : Fente en avant.

Les sphères dans la paume des mains, les barres croisées, exécuter le mouvement étendu d'adduction et d'abduction des bras en 2 temps.

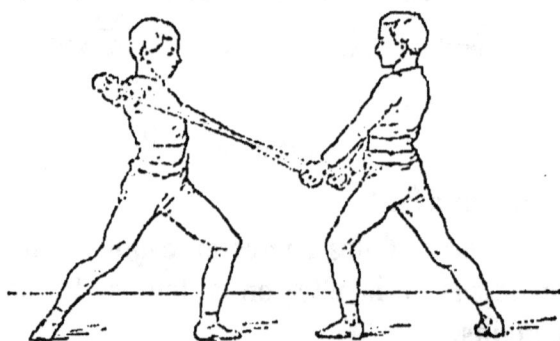

22ᵉ EXERCICE.

Position : Fente en avant.

Lutte en 6 temps, les bras allongés, en élévation horizontale, verticale, latérale.

Dans cet exercice, l'élève qui remplit le rôle passif tourne le dos à l'élève qui a le rôle actif.

Une grande partie des mouvements des barres se feront avantageusement en progressant.

23ᵉ EXERCICE.

Torsion du corps.

Les deux élèves se font face, position fendue, les bras étendus latéralement et l'extrémité des barres ou des poignées dans la

main; ils exécutent ainsi en résistant une torsion lente du tronc
de droite à gauche, et ensuite de gauche à droite.

ART. 3. — MOUVEMENTS EXÉCUTÉS AVEC LES MILS OU MASSUES.

La massue consiste en une masse de bois ou de fer dont le
centre de gravité se trouve assez éloigné de l'extrémité amincie et
légèrement conique qui sert de poignée; cette particularité la distingue de l'haltère qui a son centre de gravité situé dans la
main.

Le poids de la massue agit avec d'autant plus d'effet que la
distance de ce centre de gravité à la main est plus grande et que,
suivant son orientation, l'inclinaison de l'axe de la massue se
rapproche le plus de l'horizontale.

De plus, la vitesse communiquée à cette masse dans certaines
directions donne naissance, en vertu de son inertie, à des résistances qui sollicitent des actions musculaires diverses.

Les mouvements caractéristiques de la massue sont : des moulinets du poignet ou combinaisons de la pronation, de la supination
avec la flexion et l'extension de la main; des moulinets exécutés
derrière le tête avec flexion du bras, et de grands cercles en avant
qui sont des circumductions des bras étendus.

Les combinaisons de ces mouvements types donnent lieu à des
séries fort élégantes, surtout si on les exécute simultanément avec
deux massues.

Il faut employer des massues légères ayant une forme effilée et à poignée conique, c'est-à-dire renflée légèrement à son extrémité. Les mouvements de massue sont des mouvements de souplesse bien plus que des mouvements de force; il faut aider le mouvement de balancement de la massue sans lui résister, et éviter les chocs douloureux qui pourraient se produire dans l'articulation du coude.

Les mouvements de massue seront faits avec modération; il sera bon de les alterner avec des mouvements libres.

Il faut avant tout conserver au corps une attitude bien droite et éviter la cambrure exagérée qu'ils tendent à provoquer.

Mouvements simples avec une massue.

1er EXERCICE.

Le bras étendu, balancer d'arrière en avant la massue jusqu'à la position horizontale.

2e EXERCICE.

Balancer latéralement la massue à droite ou à gauche jusqu'à la position horizontale.

3e EXERCICE.

Balancer d'arrière en avant la massue jusqu'à la position verticale.

4e EXERCICE.

Mouvement circulaire continu de la massue autour du corps de droite à gauche et de gauche à droite, la massue pendant librement.

5e EXERCICE.

Circumduction du bras d'avant en arrière ou d'arrière en avant.

6e EXERCICE.

Balancer d'arrière en avant la massue en la laissant tomber derrière l'épaule avec flexion du bras.

Moulinets et grands cercles.

Les moulinets sont de deux sortes : les moulinets du poignet et les moulinets exécutés derrière la tête.

Les *moulinets du poignet* consistent en un mouvement circulaire décrit par la massue autour du poignet en dehors ou en dedans du bras, d'avant en arrière ou d'arrière en avant.

Les *moulinets derrière la tête* consistent dans un cercle décrit

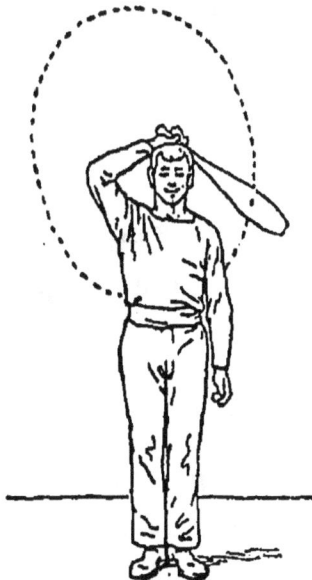

6

par la massue dans un plan vertical postérieur de droite à gauche et de gauche à droite.

Les *grands cercles* sont décrits autour de l'épaule dans un plan vertical antérieur, les bras allongés, de droite à gauche et de gauche à droite.

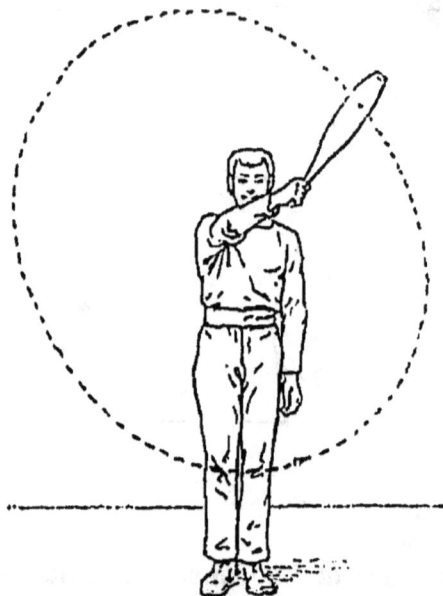

Remarque. — La direction des moulinets et des grands cercles est déterminée vers la droite ou vers la gauche en partant de l'attitude initiale.

7° EXERCICE.

Moulinets du poignet avec flexion du bras.

8° EXERCICE.

Moulinets derrière la tête de droite à gauche ou de gauche à droite.

9° EXERCICE.

Grands cercles de droite à gauche et de gauche à droite.

Combinaison des mouvements simples avec des mouvements de jambes.

10° EXERCICE.

Balancer la massue d'arrière en avant jusqu'à la verticale en se fendant en avant.

Balancer latéralement la massue jusqu'à la verticale en se fendant latéralement.

Remarque. — On exécutera ces deux derniers exercices avec plus d'énergie en laissant tomber la massue en arrière le long du bras.

Position : La massue à l'épaule. Se fendre en avant en lançant la massue en arrière.

Même mouvement en se fendant en arrière.

Balancer la massue à droite et à gauche avec moulinets du poignet.

Moulinet derrière la tête et grand cercle en avant de gauche à droite et de droite à gauche.

Mouvements exécutés avec deux massues.

Balancer les massues jusqu'à la position horizontale ou verticale en se fendant en avant, en arrière ou de côté.

Ces exercices peuvent se combiner avec les moulinets de poignets.

16ᵉ EXERCICE.

Position : La massue à l'épaule. Grands cercles de droite à gauche ou de gauche à droite de chaque bras alternativement ou simultanément des deux bras.

17ᵉ EXERCICE.

Moulinets simultanés derrière la tête de gauche à droite ou de droite à gauche en conservant aux massues leur parallélisme.

18ᵉ EXERCICE.

Moulinets derrière la tête et grands cercles exécutés simultanément des deux bras en conservant aux massues leur parallélisme.

19ᵉ EXERCICE.

Même exercice avec anticipation des mouvements d'un bras sur l'autre.

20ᵉ EXERCICE.

Moulinets simultanés derrière la tête de droite à gauche et de gauche à droite en croisant les massues.

21ᵉ EXERCICE.

Moulinet derrière la tête du bras droit et grand cercle du bras gauche, et moulinet du bras gauche et grand cercle du bras droit, exécutés simultanément et successivement.

22ᵉ EXERCICE.

Moulinets derrière la tête et grands cercles croisés exécutés simultanément et successivement des deux bras.

Remarque : On pourra exécuter ces derniers mouvements en les combinant avec des moulinets de poignets, avec des fentes, etc.

ART. 4. — OPPOSITIONS ET LUTTES DEUX À DEUX.

Les luttes deux à deux s'exécutent au commandement.

Ce sont simplement des mouvements rythmés dans lesquels un des élèves exerce sur son adversaire une résistance proportionnée à sa force.

Ce sont aussi de véritables luttes et alors chaque élève cherche à l'emporter sur son adversaire et à lui faire lâcher pied.

Les luttes peuvent se faire avec les mains sans intermédiaire, mais il vaut mieux pour les luttes rythmées se servir de barres de bois rigides ou de cordes terminées par des poignées. Il est indispensable que l'un des élèves oppose à tout moment à son adversaire une résistance convenable, qui a pour but de susciter chez lui des efforts musculaires énergiques; mais il faut se garder de brusquer les mouvements ou de les rendre impossibles par une résistance trop considérable. La continuité et l'amplitude sont indispensables à obtenir.

Les barres à sphères permettent de transmetttre une traction et une poussée, les cordes ne peuvent servir qu'aux tractions.

Celles-ci seront constamment tendues.

Les luttes permettent d'exercer spécialement les muscles fixateurs de l'épaule par des tractions horizontales, et les muscles de l'abdomen par des tractions obliques de bas en haut ou des actions horizontales latérales.

Les luttes et oppositions offrent l'avantage de localiser la contraction musculaire, de la graduer et de la diriger au gré du maître; elles se prêtent parfaitement à l'élongation des muscles contractés et corrigent ainsi les mauvais effets des mouvements ou des efforts statiques dans lesquels les muscles sont constamment raccourcis.

Il est recommandé de pratiquer souvent ces exercices comme mouvements d'ensemble, dans les classes supérieures.

Il y a deux rôles à remplir dans les luttes, le rôle d'adversaire actif ou d'adversaire opposant ou passif; chaque élève remplira alternativement l'un et l'autre rôle.

En général les adversaires se font face ou se tournent le dos en position fendue.

Les élèves commencent les mouvements au commandement de *Luttez.*

Oppositions.

1ʳ EXERCICE.

Flexion et extension alternatives des bras en 2 temps, les deux opposants se faisant face.

Remarque : Observer une attitude correcte, le poids du corps sur la jambe qui est en arrière, la jambe en avant tendue, la tête droite, les épaules effacées.

2ᵉ EXERCICE.

Balancement alternatif des bras étendus, en 2 temps.

3ᵉ EXERCICE.

Balancement simultané des bras, en 2 temps.

4ᵉ EXERCICE.

Élever verticalement et alternativement les bras étendus en 4 temps.

5° EXERCICE.

Élever verticalement et simultanément les bras, en 2 temps.

Remarque : Dans ce mouvement les élèves exécutent alternativement l'élévation des bras.

6° EXERCICE.

Flexion et extension horizontale des bras, en 3 temps.

L'élève opposant tourne le dos à l'élève actif, position fendue.

Position : Fente en avant. Poignets aux épaules.

1. Extension horizontale active des bras en avant.
2. Abduction latérale horizontale passive des bras étendus.
3. Flexion active des bras pour revenir à la position.

7° EXERCICE.

Mouvement de manivelle à deux face à face.

Un des élèves fait avec les bras et le tronc le simulacre de tourner une manivelle de grande dimension, l'autre résiste à ce mouvement sans saccade.

Ce mouvement doit être le plus étendu possible; il peut s'exécuter alternativement et dans deux sens au moyen des poignées ou bien avec une seule barre de bois rigide tenue horizontalement dans les deux mains.

8° EXERCICE.

Flexions latérales du tronc.

Les opposants sont placés sur un même rang, en fente latérale, les bras étendus horizontalement et latéralement; ils commencent à lutter avec leurs camarades placés à gauche, et exécutent des flexions latérales du tronc lentement.

Les élèves feront ensuite demi-tour et exécuteront l'exercice sur l'autre face.

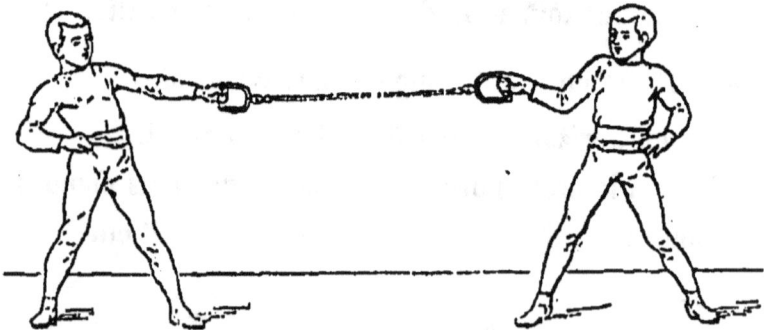

Le même mouvement peut se faire les bras fléchis ou étendus.

9° EXERCICE.

Mouvement d'abduction et d'élévation des bras, en 6 temps.

L'élève opposant tourne le dos à l'élève actif.

Position : Fente en avant, les bras étendus horizontalement en avant.

1. Abaissement et abduction passive des bras en arrière.

2. Retour à la position horizontale.

3. Abduction latérale passive des bras.

4. Retour à la position horizontale.

5. Élévation verticale des bras.

6. Retour à la position horizontale.

10ᵉ EXERCICE.

Lutte accroupie.

Les élèves en station fléchie exécutent le mouvement de flexion et d'extension des bras.

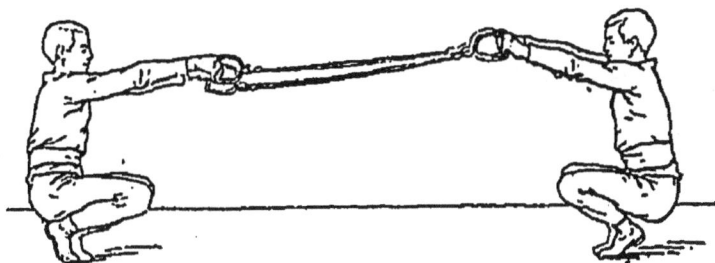

11ᵉ EXERCICE.

Mouvement de ramer.

Les deux opposants sont assis sur le plancher, face à face, le tronc droit, les membres inférieurs étendus et joints, les pieds en contact. Dans cette position, ils exécutent en résistant l'un sur l'autre la flexion et l'extension du tronc sur les cuisses.

Remarque. — On exécutera comme oppositions les mouvements de barres à deux décrits à l'article 2 de ce chapitre.

LUTTES.

Dans les luttes, chaque élève cherche à faire perdre pied à son adversaire en exerçant un effort continu sans saccade.

1° Lutte de répulsion, les bras allongés, les mains étendues, les paumes en contact.

2° Les bras étendus, les mains et les poignets engagés.

3° Les bras étendus, les mains aux épaules de l'adversaire.

Lutte de répulsion au moyen des barres placées sous les aisselles et tenues à la main.

Lutte de traction au moyen des cordes à lutter d'avant en arrière où latéralement.

4ᵉ EXEMPLE.

Les élèves face à face se tiennent le poignet gauche de la main droite, et de la main libre saisissent le poignet droit de leur adversaire.

Ils cherchent ensuite à se déplacer mutuellement par des efforts dans tous les sens.

5ᵉ EXEMPLE.

Les élèves placés face à face et fendus de la jambe droite se donnent la main droite et font des efforts en tous sens pour se déplacer mutuellement.

La même lutte se fera ensuite de la main gauche en fente gauche.

6ᵉ EXEMPLE.

Les élèves face à face, fente en avant, engagent les phalanges des deux mains et font des efforts pour s'attirer l'un vers l'autre.

7e EXEMPLE.

Lutte à la corde.

Les élèves sont divisés en deux groupes d'égale force; ils sont placés l'un derrière l'autre dans chaque groupe et tirent sur une corde en sens opposé.

On pourra lutter dans une direction oblique, en faisant passer la corde sur une poulie placée à une certaine hauteur du sol.

En remplaçant la corde par une perche on pourra exécuter une lutte de répulsion.

8e EXEMPLE.

Lutte au moyen de bâtons.

Les opposants assis sur le sol face à face se soulèvent alterna-

tivement en prenant point d'appui contre les pieds et sur un bâton
tenu horizontalement à la main.

Observation. — Une partie des luttes deux à deux peuvent
s'exécuter en progressant ainsi qu'il a été dit pour les mouvements de barres à sphères. De cette espèce sont les balancements
alternatifs et simultanés des bras.

Il est recommandé de faire toujours coïncider le mouvement
d'abduction des bras avec la pose du pied en avant, afin de bien
ouvrir la poitrine.

CHAPITRE V.

Les élèves seront disposés de manière à avoir entre eux trois pas d'intervalle.

DÉSIGNATION DES EXERCICES DE BOXE FRANÇAISE.

Mise en garde.

Retour à la station droite.

Changement de garde.

Mise en garde en portant le pied en arrière.

Changement de garde en marchant.

Changement de garde en rompant.

Passement de pied en avant.

Passement de pied en arrière.

Coup de poing droit.

Coup de pied bas.

Coup de pied de pointe.

Coup de pied de flanc en arrière.

Coup de pied de flanc ou de figure en avant.

Coup de pied de figure en tournant à gauche.

Coup de pied de figure en tournant à droite.

Coup de poing, coup de pied bas et coup de pied de flanc sur place.

Coup de poing, coup de pied bas et coup de pied de flanc en changeant de garde en avant.

Coup de poing, coup de pied bas en changeant de garde en arrière.

Exercices combinés en avant et en arrière.

Exercices variés exécutés sur les quatre faces.

DESCRIPTION DES EXERCICES DE BOXE FRANÇAISE.

1. *Mise en garde en 2 temps.*

Les élèves étant en station droite, le professeur commande :
En garde.

Au commandement :

1. Faire un demi à droite.

2. Prendre la position de boxe, placer en même temps l'avant-bras gauche le coude en arrière et un peu en dehors; l'avant-bras droit se place en avant pour couvrir le creux de l'estomac, le poing vis-à-vis le milieu du corps.

2. *Retour à la station droite.*

1. Rapporter le pied gauche à côté du droit.

2. Faire un demi à gauche en laissant tomber les bras.

3. *Changement de garde sur place.*

1. Rassembler les pieds en arrière.

2. Prendre la garde opposée à la première.

Remarque. — On peut se mettre en garde en faisant un demi à droite ou à gauche, et en portant l'un ou l'autre pied en arrière.

4. *Changement de garde en marchant, en 1 temps.*

Porter le pied qui est en arrière en avant de l'autre et changer de garde en même temps.

5. *Changement de garde en rompant, en 1 temps.*

Porter en arrière le pied qui est en avant et changer de garde.

6. *Passement de pied en avant, en 2 temps.*

1. Porter le pied droit en avant du gauche, la pointe restant tournée en dehors.

2. Porter le pied gauche en avant.

7. *Passement de pied en arrière, en 2 temps.*

1. Porter le pied en arrière du droit.

2. Placer le pied droit en arrière.

8. *Coup de poing droit.*

1. Extension vive du bras gauche ou droit en étendant vivement le bras, en portant le haut du corps en avant et en même temps que l'on étend la jambe qui est en arrière.

2. Reprendre la garde.

9. *Coup de poing au creux de l'estomac.*
(Figure n° 8.)

10. *Coup de poing de côté, en arrière de l'oreille.*
(Figure n° 11.)

11. *Coup de pied bas.*

1. Extension vive et complète du membre inférieur droit, la pointe du pied tournée en dehors, en portant la tête en arrière et le poids du corps sur la jambe gauche.

2. Reprendre la garde.

12. *Coup d'arrêt classé.*

1. Flexion complète du membre inférieur.

2. Extension vive de la jambe et du pied.

13. *Coup de pied de flanc ou de figure en avant.*

1. Porter le poids du corps sur le pied gauche, la jambe tendue en tournant à gauche sur la pointe du pied, fléchir en même temps le membre inférieur droit, comme pour le coup de pied de flanc.

2. Étendre vivement le membre inférieur en levant le pied le plus haut possible et le fléchir aussitôt.

3. Tourner à droite et reprendre la garde.

14. *Parade du coup de poing droit.*

Porter vivement l'un ou l'autre avant-bras en dehors, selon que le coup de poing est lancé avec le bras droit ou le bras gauche de l'adversaire, et reprendre vivement la garde.

15. *Parade des coups de pied de figure et de flanc.*

Repousser avec l'un ou l'autre avant-bras le pied de l'adversaire suivant le coup de pied à parer et se remettre en garde.

16. *Parade du coup de pied bas.*

Lever le pied sur lequel est dirigé le coup de pied bas ou bien arrêter le pied qui attaque par celui qui est attaqué.

Remarque. — Après avoir bien exercé les élèves aux coups simples, le professeur fera exécuter des coups composés, sur place ou en marchant et en rompant.

Dans l'exécution de ces exercices, chaque coup de pied n'est plus décomposé et ne compte plus que pour un temps.

COMBINAISONS DES EXERCICES PRÉCÉDENTS.

17.

1. Coup de pied de flanc à droite.
2. Coup de pied de flanc à gauche.

18.

1. Coup de poing droit.
2. Coup de pied bas.
3. Coup de pied de flanc.
4. Reprendre la garde.

19.

1, 2 et 3. Trois coups de poing.
4. Coup de pied bas.
5. Coup de pied de flanc.
6. Reprendre en garde en avant.

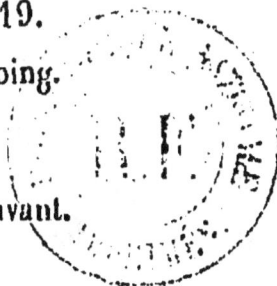

IMPRIMERIE NATIONALE.

20.

1, 2 et 3. Trois coups de poing.

4. Coup de pied bas.

5. Poser le pied droit en arrière.

6. Changer de garde en rompant.

21.

1, 2 et 3. Trois coups de poing.

4. Coup de pied bas.

5. Poser le pied droit en avant en faisant face à gauche.

6. Passement du pied gauche en arrière en levant en même temps la jambe droite fléchie.

7. Coup de pied de flanc.

8. Tomber en garde le pied droit en avant.

22.

1 et 2. Deux coups de poing en commençant par le poing gauche.

3. Un coup de pied bas.

4 et 5. Poser le pied gauche à terre en arrière et le pied droit en arrière du pied gauche.

6. Coup d'arrêt chassé.

7. Coup de pied de flanc.

8. Tomber en garde en portant le pied droit en arrière du gauche en tournant à droite.

23.

1, 2 et 3. Trois coups de poing.

4. Avancer le pied gauche en faisant face à gauche et en levant en même temps la jambe droite fléchie.

5. Donner le coup de pied et fléchir aussitôt la jambe.

6. Passer le pied droit devant le gauche (croisement de

jambes), le poser à terre et lever en même temps la jambe gauche fléchie.

7. Coup de pied de flanc.

8. Tomber en garde en posant le pied gauche en avant.

24.

1 et 2. Deux coups de poing.

3. Coup de pied bas de la jambe droite.

4. Poser le pied droit en arrière.

5. Coup de pied tournant de la jambe droite.

6. Poser le pied droit à terre en faisant face à droite.

7. Tomber en garde en portant le pied gauche en avant du droit.

25.

1 et 2. Deux coups de poing en avant.

3. Coup de poing en faisant face en arrière.

4. Coup de pied bas de la jambe gauche.

5. Poser le pied gauche en arrière, la pointe en dedans; coup de pied de flanc de la jambe droite.

6. Poser le pied droit à terre vers la droite en faisant face à droite.

7. Tomber en garde.

PHRASE D'ASSAUT DE BOXE.

1. Garde à gauche des deux adversaires.

2. **Attaque du bras gauche à la figure, parade du bras droit riposte du bras gauche.**

3. **Coup de pied bas, parade par la retraite du pied attaqué.**

4. **Coup d'arrêt chassé.**

5. Coup du bras droit à la figure, paré par le bras gauche et suivi de la riposte à la figure, paré à son tour par le bras gauche.

6. Coup d'arrêt sur le coup de pied bas.

7. Coup porté à la figure par le bras gauche.

8. Coup du bras droit au creux de l'estomac.

9. Coup de pied à l'estomac.

10. Coup de pied de figure, paré par le bras gauche.

11. Coup de poing de côté, porté en arrière de l'oreille.

ART. 2. — BÂTON.

Les élèves sont placés de manière à avoir entre eux 4 pas d'intervalle. Le bâton aura une longueur de 1 m. 20 à 1 m. 30 et il devra être à la fois élastique et résistant.

L'instruction du bâton comprend deux articles :

ART. 1er. Coups simples.

ART. 2. Coups composés.

ARTICLE PREMIER. — DÉSIGNATION DES EXERCICES DE BÂTON.

1er Exercice. Position préparatoire.
2° — Mise en garde.
3° — Retour à la position d'attention.
4° — Moulinets de droite à gauche.
5° — Moulinets de gauche à droite.
6° — Brisés de pied ferme.
7° — Enlevés de pied ferme.
8° — Moulinets en marchant.
9° — Moulinets en rompant.
10° — Brisés en marchant.
11° — Brisés en rompant.

12° Exercice. Enlevés en marchant.

13° — Enlevés en rompant.

14° — Coup de figure à droite.

15° — Coup de figure à gauche.

16° — Coup de pointe.

17° — Coup de talon.

18° — Coup de tête à droite.

19° — Coup de tête à gauche.

20° — Coup de flanc à droite.

21° — Coup de flanc à gauche.

22° — Parade de tête les mains réunies.

23° — Parade de tête les mains réunies en rompant.

24° — Parade de tête les mains écartées.

25° — Parade de tête les mains écartées en rompant.

26° — Parade de corps les mains réunies.

27° — Parade de corps les mains réunies en rompant.

28° — Parade de corps les mains écartées.

29° — Parade de corps les mains écartées en rompant.

1er Exercice. Moulinets, coups de figure et parade de tête les mains réunies (sur 2 faces).

2e Exercice. Moulinets, coups de flanc et parade de tête les mains écartées (sur 2 faces).

3e Exercice. Moulinets, coups de talon et parade de tête les mains écartées (sur 2 faces).

4° Exercice. Moulinets, brisés, coups de tête et parade de corps les mains réunies (sur 4 faces).

DESCRIPTION DES EXERCICES DE BÂTON.

1er EXERCICE. *Position préparatoire.*

Les élèves étant placés à 4 pas d'intervalle les uns des autres, le professeur commande :

ATTENTION !

Au commandement de *Attention*, saisir le bâton avec la main droite à environ 0ᵐ25 du gros bout et placer l'extrémité à côté et contre la pointe du pied droit, le bras droit étendu vers la droite, le dessus de la main en avant, le pouce allongé sur le bâton, le bras gauche pendant naturellement.

2e EXERCICE. *Mise en garde en deux temps.*

1. Élever le bâton en avant, le bras étendu, la main à hauteur des yeux, les ongles en dessous, le bâton dans le prolongement du bras; faire un demi à gauche les talons réunis, le corps droit.

2. Faire décrire à la pointe du bâton un cercle à gauche de haut en bas, en fléchissant l'avant-bras, le saisir avec la main gauche de manière que le bord interne de cette main se trouve contre le bord externe de la main droite, les coudes près du corps, l'avant-bras horizontal, les mains un peu au-dessus de la ceinture, le talon du bâton appuyé contre l'avant-bras gauche, la pointe à hauteur des yeux.

Fléchir légèrement les jambes et porter le pied droit à environ 0ᵐ40 en avant du talon gauche, le corps droit.

3e EXERCICE. *Retour à la position préparatoire.*

1. Rapporter le pied qui est en avant à côté de l'autre, en faisant face en avant, quitter le bâton de la main gauche et allonger le bras droit en avant, le bâton dans le prolongement du bras.

2. Descendre la pointe du bâton et la placer à côté et contre la pointe du pied droit, tendre le bras droit vers la droite et prendre la position.

Les exercices qui suivent sont décrits en partant de la garde.

4° Exercice. *Moulinets de gauche à droite.*

1. Étendre les bras en avant, les mains réunies à la hauteur du sommet de la tête, le bâton horizontalement placé, la pointe en avant, le talon en dehors contre l'avant-bras droit; avancer l'épaule gauche en élevant légèrement le talon gauche, faire décrire à la pointe du bâton un cercle horizontal de gauche à droite en ouvrant un peu les trois derniers doigts et en faisant passer la main gauche au-dessous de la droite au moment où l'extrémité du bâton est en avant, afin d'éviter que le talon ne soit arrêté par l'avant-bras gauche. Continuer ainsi jusqu'au commandement de *Halte.*

5° Exercice. *Moulinets de droite à gauche.*

Étendre les bras en avant en ayant soin de placer le talon du bâton en dehors contre l'avant-bras gauche, exécuter les moulinets en faisant décrire à la pointe du bâton un cercle horizontal de droite à gauche et continuer ainsi jusqu'au commandement de *Halte.*

6° Exercice. *Brisés.*

1. Élever les bras en avant comme il est prescrit pour les moulinets, faire décrire à la pointe du bâton un cercle à droite, de haut en bas, le bâton passant près du corps.

2. Exécuter le même cercle à gauche et continuer ainsi jusqu'au commandement de *Halte.*

7° Exercice. *Enlevés.*

1. Porter les bras en avant comme il a été prescrit pour les moulinets, faire décrire à la pointe du bâton un cercle à gauche de bas en haut, le bâton passant près du corps.

2. Faire décrire au bâton le même cercle à droite et continuer ainsi jusqu'au commandement de *Halte.*

8° Exercice. *Moulinets en marchant.*

Exécuter les moulinets comme il a été prescrit, en portant le pied gauche et le pied droit alternativement à 0ᵐ 40 en avant.

Continuer jusqu'au commandement de *Halte* qui doit être fait un instant avant que le pied droit pose à terre.

9ᵉ EXERCICE. *Moulinets en rompant.*

Exécuter les moulinets comme il est prescrit, en portant alternativement le pied qui est en avant à environ 0ᵐ40 en arrière de l'autre. Continuer jusqu'au commandement de *Halte.*

10ᵉ EXERCICE. *Brisés en marchant.*

Marcher comme il a été prescrit en exécutant des brisés à gauche et à droite. Continuer jusqu'au commandement de *Halte.*

11ᵉ EXERCICE. *Brisés en rompant.*

Rompre en exécutant des brisés à droite et à gauche. Continuer jusqu'au commandement de *Halte.*

12ᵉ EXERCICE. *Enlevés en marchant.*

Marcher en exécutant les enlevés comme il a été prescrit, et en comptant 1 lorsque le bâton passe à gauche, et 2 lorsqu'il passe à droite. Continuer ainsi jusqu'au commandement de *Halte.*

13ᵉ EXERCICE. *Enlevés en rompant.*

Rompre comme il a été prescrit en exécutant des enlevés.

14ᵉ EXERCICE. *Coup de figure à droite.*

1. Étendre les bras en avant, les mains à hauteur des yeux, le talon du bâton contre l'avant-bras gauche.

2. Exécuter un moulinet de droite à gauche en se fendant du pied droit à environ 0ᵐ70 et arrêter le bâton à hauteur de la figure, les bras étendus.

3. Reprendre la garde.

15ᵉ EXERCICE. *Coup de figure à gauche.*

1. Étendre les bras en avant, le talon du bâton contre l'avant-bras droit en rapportant le talon gauche contre le droit, les pieds en équerre.

2. Donner un coup de figure par un moulinet de gauche à

droite en se fendant du pied gauche en avant et arrêter le bâton à hauteur de la figure.

3. Reprendre la position de la garde.

16ᵉ Exercice. *Coup de pointe.*

1. Rapporter le talon droit contre le gauche, les pieds en équerre; en se relevant, placer en même temps le talon du bâton en arrière en étendant le bras gauche, la main droite contre la poitrine.

2. Donner le coup de pointe en se fendant du pied droit en avant à environ 0ᵐ70, et en faisant glisser le bâton horizontalement dans la main droite, le genou droit fléchi, le bras droit presque étendu, l'avant-bras gauche à la ceinture.

3. Se relever et reprendre la garde.

17ᵉ Exercice. *Coup de talon.*

1. Tourner autour du pied droit et porter le talon gauche en avant et contre le droit, les pieds en équerre, le corps droit; ramener en même temps la pointe du bâton en arrière en allongeant le bras droit, le bâton placé horizontalement, le talon en avant, la main gauche contre la poitrine.

2. Se fendre de la jambe gauche en avant et donner le coup de talon en ramenant le bâton en avant avec la main droite et en le faisant glisser dans la main gauche, le bras gauche presque tendu, le droit demi-fléchi.

3. Reprendre la garde.

18ᵉ Exercice. *Coup de tête à droite.*

1. Étendre les bras en avant, le talon du bâton contre l'avant-bras gauche.

2. Exécuter un brisé à droite en se fendant du pied droit et arrêter le bâton à hauteur de la tête, la jambe gauche tendue.

3. Reprendre la garde.

19ᵉ Exercice. *Coup de tête à gauche.*

1. Porter les mains en avant, les bras étendus, le talon du

bâton contre l'avant-bras droit, rapporter en même temps le talon gauche contre le droit en se redressant.

2. Donner le coup de tête par un brisé à gauche en se fendant du pied gauche et arrêter le bâton à hauteur de la tête.

3. Reprendre la garde.

20° EXERCICE. *Coup de flanc à droite.*

1. Étendre les bras en avant.

2. Donner le coup de flanc par un enlevé à gauche, en se fendant du pied droit et arrêter le bâton à hauteur du milieu du corps, les bras étendus.

3. Reprendre la garde.

21° EXERCICE. *Coup de flanc à gauche.*

1. Étendre les bras en avant, en rapportant le talon gauche contre le droit.

2. Donner le coup de flanc par un enlevé à droite en se fendant du pied gauche en avant et arrêter le bâton à hauteur du flanc, les bras étendus.

3. Reprendre la garde.

PARADES.

1er EXERCICE. *Parade de tête.*

1. Élever les bras en les étendant vivement vers la gauche (ou droite) et arrêter le bâton horizontalement au-dessus de la tête, la jambe gauche (ou droite) tendue.

2. Reprendre la garde.

2° EXERCICE. *Parade de tête, en portant la jambe droite en arrière.*

1. Étendre vivement les bras vers la droite, la main droite au-dessus de la gauche, et porter le bâton horizontalement au-dessus de la tête, placer en même temps le pied droit en arrière, en pivotant sur le pied gauche, la jambe droite tendue.

2. Reprendre la garde en ramenant le pied droit en avant.

3ᵉ EXERCICE. *Parade de corps.*

1. Porter les bras en avant, les mains à hauteur du sommet de la tête, la main gauche au-dessus de la droite; incliner le bâton devant le corps en baissant la pointe en bas, le bras gauche étendu, le droit fléchi, la jambe gauche tendue.

2. Reprendre la garde.

4ᵉ EXERCICE. *Parade de corps en portant la jambe gauche en arrière.*

1. Porter les bras en avant, les mains au-dessus de la tête, placer le bâton incliné devant le corps, le bras gauche étendu, le droit légèrement fléchi, les poignets croisés, porter en même temps la jambe gauche tendue en arrière.

2. Reprendre la garde.

5ᵉ EXERCICE. *Coup de figure.*

1. Le coup de figure est paré; la parade pourra être suivie d'une riposte par le coup de flanc, de figure ou de tête.

COUPS COMPOSÉS.

1ᵉʳ EXEMPLE.

Partir du pied droit, exécuter deux moulinets, rassembler en rapportant le talon gauche contre le droit, faire un demi à droite, les pieds en équerre et arrêter le bâton à la parade de tête, les mains réunies, les bras allongés vers la droite.

Donner un coup de figure à gauche en se fendant de la jambe gauche en avant et venir à la parade de tête les mains réunies, les bras tendus à gauche en portant le pied gauche en arrière.

Faire face en arrière en tournant sur la pointe du pied gauche et en portant la jambe droite devant la gauche.

Répéter la leçon et revenir face en tête par deux moulinets, en arrêtant le bâton sur l'épaule droite en rassemblant; exécuter un brisé à gauche et tomber en garde.

2ᵉ EXEMPLE.

Partir du pied droit, exécuter deux moulinets et arrêter le
bâton à la parade de tête, les mains réunies, les bras tendus
vers la droite en rassemblant, les pieds en équerre (3).

Faire une feinte de coup de flanc et donner un coup de figure à
gauche en se fendant du pied gauche en avant et arrêter le bâton
à la parade de tête, les mains écartées.

Faire face en arrière en pivotant sur les pieds, repartir du
pied droit et répéter l'exercice; revenir en garde comme au
1ᵉʳ exemple.

3ᵉ EXEMPLE.

Partir du pied droit, exécuter deux moulinets et prendre la
position du coup de talon en rapportant le talon gauche contre le
droit et en faisant un demi à droite les pieds en équerre.

Donner un coup de talon en se fendant du pied gauche en
avant et venir à la parade de tête les mains écartées, la jambe
droite tendue.

Faire face en arrière, répéter la leçon et revenir en garde.

4ᵉ EXEMPLE.

Partir du pied droit (gauche), exécuter deux moulinets et
arrêter le bâton sur l'épaule droite (gauche) en rassemblant.

Exécuter un brisé à gauche, donner un coup de tête par un
brisé à droite en se fendant de la partie droite en avant et venir
à la parade de corps à gauche, les mains réunies en faisant face
à gauche.

Faire face en arrière et à droite en levant la jambe droite et
répéter la leçon sur les quatre faces et tomber en garde.

PHRASE D'ASSAUT DE BÂTON.

1. En garde.

2. Préparation à l'attaque; feinte de coup de figure à gauche suivie du coup de tête.

3. Coup de tête; parade précédant la riposte; feinte de coup de tête; coup de figure à gauche.

4. Coup de figure; parade précédant la riposte du coup de flanc.

5. Coup de flanc et sa parade.

ART. 3. — CANNE.

Les élèves seront placés de manière à avoir entre eux trois pas d'intervalle.

DÉSIGNATION DES EXERCICES DE CANNE.

EXERCICES PRÉLIMINAIRES.

Position préparatoire, la canne à la main.

Mise en garde.

Retour à la position.

Moulinets.

Brisés.

Enlevés.

ATTAQUES.

Coup de figure à droite.
Coup de figure à gauche.
Coup de tête.
Coup de flanc.

PARADES.

Parade de coup de figure.
Parade de coup de tête.
Parade de coup de flanc.

COUPS COMPOSÉS.

Moulinets, parades de flanc, coup de figure.
Brisés, coup de tête.
Enlevés, coup de flanc.
Moulinets, coup de figure, coup de tête, coup de flanc.
Salut et assaut.

DESCRIPTION DES EXERCICES.

1. *Position préparatoire.*

Les élèves étant placés à trois pas d'intervalle les uns des autres, le professeur commande :

ATTENTION !

A ce commandement, saisir la canne de la main droite par une extrémité en plaçant l'autre contre le bord externe de la pointe du pied droit, le bras étendu vers la droite, la paume de la main en arrière, le pouce allongé sur la canne, le bras gauche pendant naturellement.

2. *Mise en garde.*

1. Élever la canne en avant, le bras étendu, la main à hauteur des yeux, les ongles en dessous, la canne dans le prolongement du bras; exécuter en même temps un demi à gauche, les pieds en équerre.

2 et 3. Faire décrire à la canne un cercle à gauche de haut en bas (brisé), se fendre de la jambe droite en avant en fléchissant légèrement le bras droit, à hauteur de la ceinture, la canne inclinée, les jambes légèrement fléchies, et porter en même temps l'avant-bras gauche derrière le corps, la main fermée.

3. *Retour à la position.*

1. Rapporter le pied droit à côté du gauche en étendant le bras en avant.

2. Placer l'extrémité de la canne contre la pointe du pied droit en faisant un demi à droite et en laissant tomber le bras gauche.

4. *Moulinets.*

Les moulinets s'exécutent en faisant décrire à l'extrémité de la canne des cercles de droite à gauche ou de gauche à droite, au-dessus de la tête et dans un plan horizontal.

5. *Brisés.*

Les brisés consistent à faire passer la canne à droite et à gauche du corps en faisant décrire à son extrémité des cercles dans des plans verticaux et de haut en bas.

6. *Enlevés.*

Les enlevés diffèrent des brisés en ce que les cercles décrits par la canne s'exécutent de bas en haut.

Remarque. — Les élèves répéteront les exercices précédents jusqu'à ce qu'ils puissent les exécuter rapidement, et passer des moulinets aux enlevés et des enlevés aux brisés avec facilité. Il les exécuteront ensuite en marchant en avant et en arrière.

COUPS SIMPLES.

1. *Coup de figure à droite ou à gauche.*

1. Exécuter un moulinet de gauche à droite ou de droite

8.

gauche en étendant le bras et arrêter la canne à hauteur de la figure.

2. Reprendre la garde.

2. *Coup de l'épaule.*

1. Exécuter un moulinet de droite à gauche ou de gauche à droite, et arrêter la canne à hauteur de l'épaule.

2. Reprendre la garde.

3. *Coup de tête à droite ou à gauche.*

1. Exécuter un brisé à droite ou à gauche, et arrêter la canne à hauteur du sommet de la tête, le bras étendu.

2. Reprendre la garde.

4. *Coup de flanc droit ou gauche.*

1. Exécuter un enlevé à droite ou à gauche en étendant le bras et arrêter la canne à hauteur de la ceinture.

2. Reprendre la garde.

Remarque. — Les coups de figure, de tête et de flanc s'exécuteront de pied ferme et en se fendant du pied droit en avant.

PARADES.
1. *Parade de coup de figure.*

Élever la main droite en la portant légèrement à droite ou à gauche, la canne suivant le mouvement.

2. *Parade de coup de tête.*

Élever la main en la portant légèrement vers la droite et en plaçant la canne horizontalement au-dessus et un peu en avant de la tête.

3. *Parade de coup de flanc ou coup de genou.*

Porter légèrement l'extrémité de la canne vers la droite ou vers la gauche, sans déranger la position de la main.

COUPS COMPOSÉS.

1. *Moulinets, parade de flanc, coup de figure.*

1, 2, 3. Partir du pied droit, exécuter deux moulinets de gauche à droite et arrêter la canne à la parade de flanc gauche en rassemblant le talon gauche contre le milieu du pied droit.

4. Donner un coup à gauche par un moulinet de droite à gauche en se fendant du pied gauche.

5. Reprendre la garde en portant vivement la jambe gauche en arrière.

2. *Brisés, coup de tête.*

1, 2. Partir du pied droit, exécuter deux brisés, l'un à gauche, l'autre à droite, en rassemblant le pied gauche contre le droit.

3, 4. Exécuter un brisé à gauche et donner un coup de tête en se fendant du pied gauche.

5. Reprendre la garde.

3. *Enlevés, coup de flanc.*

1, 2. Partir du pied droit, exécuter deux enlevés à gauche et à droite en rassemblant.

3, 4. Exécuter un enlevé à gauche et donner un coup de flanc droit en se fendant du pied gauche.

5. Reprendre la garde.

4. *Moulinets, coup de figure, coup de tête, coup de flanc.*

1, 2. Partir du pied droit, exécuter deux moulinets de gauche à droite en rassemblant.

3. Donner un coup de figure à gauche en se fendant du pied gauche.

4, 5, 6. Exécuter deux brisés, l'un à gauche, l'autre à droite et donner un coup de tête en se fendant du pied droit.

7, 8. Faire une feinte de flanc par un enlevé inachevé à droite et donner un coup de flanc par un enlevé à gauche en rompant du pied droit.

9. Reprendre la garde en portant la jambe gauche en arrière.

Remarque. — Ces exercices peuvent s'exécuter sur deux ou quatre faces, le professeur pourra en combiner d'autres en se conformant aux coups et parades indiqués.

Lorsque les élèves exécuteront ces exercices avec facilité, ils seront exercés aux parades et ripostes.

Les deux élèves sont alors placés en face l'un de l'autre dans la position de la garde. L'un des deux porte un coup de tête à l'autre qui pare et riposte aussitôt par un coup de flanc ou de figure que l'autre pare à son tour. Ils passent ensuite de la tête au flanc, du flanc à la figure, de la figure à la tête et ainsi de suite. Lorsque les élèves sont suffisamment exercés aux parades et ripostes, ils commencent à faire assaut.

L'assaut sera toujours précédé du salut qui va être indiqué.

SALUT.

Les deux adversaires se placent à 4 pas vis-à-vis l'un de l'autre et après s'être mis en garde en même temps, se relèvent en rapportant le pied droit contre le gauche et en étendant le bras.

Ils exécutent aussitôt trois moulinets de gauche à droite en se fendant latéralement du pied droit, rapportent le pied droit contre le gauche, exécutent trois moulinets de droite à gauche en se fendant latéralement à gauche, reviennent face en avant et se mettent de nouveau en garde.

Ils font deux pas en avant en partant du pied droit, exécutent deux brisés et croisent leur cannes par un enlevé à gauche.

L'un des deux dit alors : *A vous l'honneur.* L'autre lui porte un léger coup de tête par un brisé à gauche. Aussitôt, ils exécutent une volte-face à droite en faisant trois moulinets et en rassemblant le pied droit contre le gauche, le bras étendu en avant. Ils reprennent la garde, font deux appels du pied droit, marchent l'un vers l'autre et l'assaut commence.

Lorsque l'assaut est terminé, les deux adversaires se faisant face, exécutent la première partie du salut, puis s'avancent l'un vers l'autre et se donnent la main.

ASSAUT.

L'assaut est la mise en pratique des coups, parades et ripostes.

Les adversaires cherchent à se porter des coups, soit à la tête, soit au flanc ou à la figure, soit dans toute autre partie du corps au-dessus de la ceinture, et à parer ces coups.

Les adversaires peuvent marcher et rompre, se porter à droite ou à gauche, exécuter des volte-face, etc. Ils peuvent, avant de donner un coup, faire autant de feintes qu'ils le jugent nécessaire, mais en évitant de rencontrer la canne de celui qui pare, car dans ce cas, ce dernier a droit de riposter et d'attaquer à son tour.

Celui qui a été atteint par la canne de son adversaire doit annoncer le coup en disant : *touché*, ce n'est qu'ensuite qu'il peut attaquer à son tour.

Celui qui marche contre son adversaire doit le faire en exécutant soit des moulinets, soit des brisés ou des enlevés. Dans le cas contraire, il peut être attaqué ou arrêté par un coup droit.

Lorsque les deux adversaires se portent un coup en même temps, le dernier coup porté ne compte pas.

PHRASE D'ASSAUT DE CANNE.

1. En garde.

2. **Préparation au coup sur l'épaule porté à droite après feinte de coup à gauche.**

3. **Parade du coup sur l'épaule droite précédant la riposte du coup de tête.**

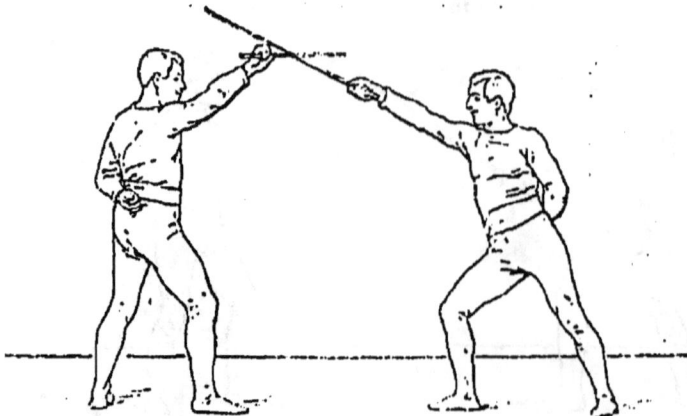

4. **Parade de coup de tête, précédant la contre-riposte de**

feinte du coup de figure à droite suivie du coup de figure à gauche.

5. Parade du coup de figure à gauche précédant la feinte du coup de flanc à gauche suivie de la

6. Contre-riposte du coup de genou à droite.

Observation. — Les exercices de boxe, de bâton et de canne dans les Écoles seront considérés surtout comme des exercices d'ensemble. L'assaut en est cependant l'application, et, comme tel, a dû être décrit ci-dessus. Mais il ne sera mis en pratique que dans les classes supérieures.

CHAPITRE VI.

MOUVEMENTS AUX APPAREILS DE SUSPENSION ET D'APPUI.

ARTICLE PREMIER. — PETITES ÉCHELLES JUMELLES.

Les petites échelles ont une largeur de 8 à 10 centimètres environ, les échelons sont à une distance de 12 centimètres, l'écartement des crochets de suspension est un peu supérieur à celui des épaules, elles ont 3 ou 4 mètres de longueur.

Les échelles jumelles permettent des mouvements de trois sortes :

1° Des appuis avec les mains, le corps reposant à terre sur un ou deux pieds.

2° Des appuis sur les échelons avec les mains et les pieds.

3° Des suspensions et des appuis sur les échelons avec les mains seulement.

On peut encore accrocher aux échelons une sangle servant à exécuter les mouvements de natation ou une planche servant d'escarpolette.

Appuis sur le sol et sur les échelons.

L'élève est placé entre les deux échelles.

1. — Les bras étendus, mains aux échelons, pied droit à terre, flexion de la cuisse gauche, la jambe fléchie ou tendue.

Id. Avec abduction latérale de la cuisse.

Id. Avec circumduction de la cuisse.

2. — Les mains aux échelons à la hauteur des épaules, fléchir les membres inférieurs, les genoux joints ou les genoux écartés.
Se relever en s'aidant des bras.

3. — Les mains aux échelons, les bras demi-tendus. Sautillements avec fente latérale en s'aidant des bras.
Sautillements avec fente simultanée en avant et en arrière.
Sautillements sur la pointe des pieds.

4. — Les mains aux échelons, les bras demi-tendus, exécuter

alternativement la flexion et extension horizontales des membres inférieurs.

5. — Les mains aux échelons à la hauteur des épaules, étendre les bras en fléchissant les membres inférieurs puis exécuter une danse sur place en portant alternativement en avant une jambe tendue et en fléchissant la jambe opposée.

6. — Les mains aux échelons à la hauteur des épaules, se laisser tomber lentement en arrière, le corps bien étendu, et revenir à la première position.

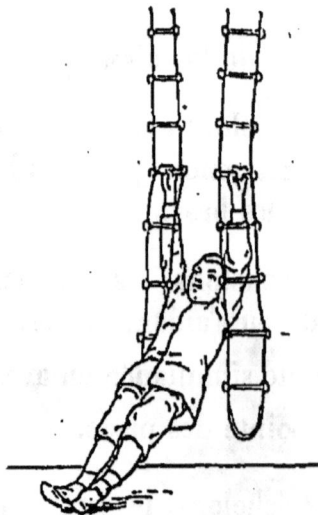

Exécuter cet exercice en saisissant les échelons de plus en plus bas.

7. — Même exercice que le précédent en exécutant plusieurs tractions des bras dans la position inclinée.

8. — Les mains aux échelons à la hauteur des épaules, se laisser tomber lentement en avant en maintenant le corps bien étendu et revenir à la première position.

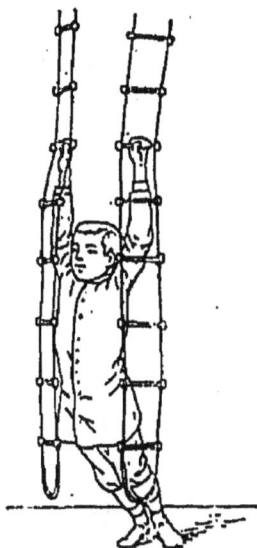

9. — Combinaison des deux exercices ci-dessus en se laissant tomber, le corps étendu, en arrière et en avant.

10. —Les mains aux échelons à la hauteur des épaules, laisser

tomber le corps étendu lentement et latéralement; revenir à la
station verticale au moyen d'une traction des bras.

On pourra exécuter successivement les quatre chutes en avant,
arrière, à droite et à gauche.

Suspensions et appuis sur les échelons avec les mains et les pieds.

11. — Les jambes étendues, les mains aux échelons à la hauteur des épaules, exécuter un mouvement d'abduction simultané
des deux cuisses.

Revenir à la position première.

12. — Monter aux échelles en progressant à l'aide des pieds
et des mains, en déplaçant simultanément les extrémités du même
côté.

Monter en déplaçant les extrémités opposées.

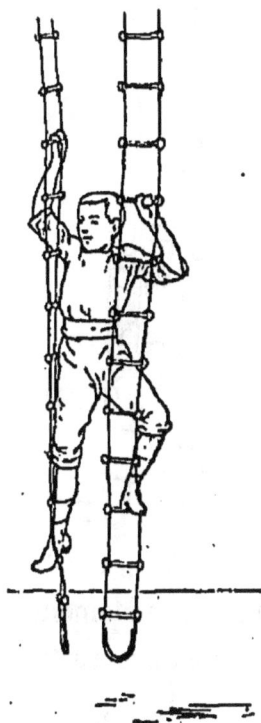

13. — Les mains aux échelons à la hauteur des hanches, sauter à l'appui tendu, revenir à terre.

Exécuter cet exercice en saisissant les échelons de plus en plus élevés.

14. — Même mouvement en sautant d'abord à l'appui fléchi, puis en passant ensuite à l'appui tendu.

15. — Suspension allongée aux échelons, exécuter alternativement le mouvement de flexion et d'extension horizontales des membres inférieurs.

Même mouvement simultané des deux jambes.

16. — Suspension allongée aux échelons, élever le membre inférieur droit ou gauche complètement étendu jusqu'à la position horizontale, l'autre membre restant vertical et immobile.

17. — Même mouvement, les deux jambes à la fois, en élevant les pieds de plus en plus haut, jusqu'au contact des mains, les bras restant étendus.

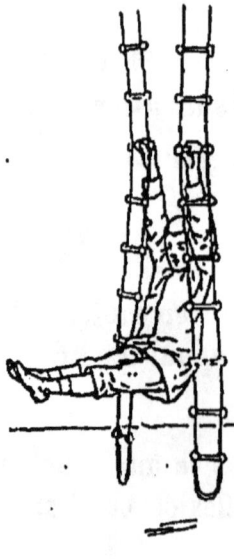

18. — Suspension allongée aux échelons, balancer d'avant en arrière, les membres inférieurs restant unis et souples.

19. — Passer de la suspension allongée à la suspension fléchie, une deux et trois fois de suite.

20. — Exécuter le même mouvement avec flexion des membres inférieurs.

21. — Passer de la suspension allongée à la suspension fléchie, de là à l'appui fléchi, puis à l'appui tendu.

22. — S'établir sur les poignets avec un mouvement de balancement des jambes.

Art. 2. — Perches et cordes lisses par paires.

Premier exercice.

Étant en station droite entre les perches mobiles, les saisir à la hauteur des épaules, les bras étendus, et exécuter latéralement une abduction très accentuée des bras; revenir à la station.

2ᵉ EXERCICE.

Étant placé un peu en arrière des perches fixes, les saisir, les

9

bras horizontaux, puis laisser tomber le corps en avant en résistant avec les bras.

3° EXERCICE. — Étant en station droite, saisir les perches mo-

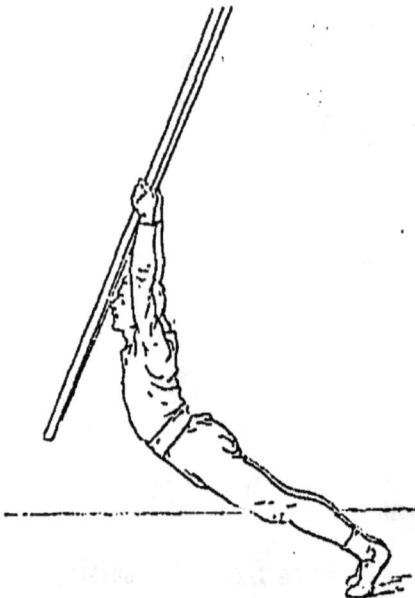

biles à la hauteur des épaules, faire une demi-chute en avant, en arrière et latéralement en étendant les bras.

4ᵉ EXERCICE.

Saisir les deux perches les bras élevés et se suspendre par les mains en quittant les pieds de terre. Exécuter cet exercice en portant les pieds en avant, en arrière ou de côté, avec ou sans flexion des jambes.

5ᵉ EXERCICE.

Monter et descendre à l'aide des bras et des jambes en saisissant une corde ou une perche de chaque main et en plaçant les jambes à une seule corde.

6ᵉ EXERCICE.

Monter comme précédemment et descendre en tenant une perche ou une corde de chaque main, les jambes souples et étendues.

7ᵉ EXERCICE.

Monter et descendre à l'aide des bras, les jambes pendantes réunies sans contraction entre les perches ou les cordes.

8ᵉ EXERCICE.

Monter aux perches en plaçant alternativement les mains l'une au-dessus de l'autre comme précédemment, et descendre en les déplaçant simultanément.

9ᵉ EXERCICE.

Monter et descendre par un changement simultané des mains.

ART. 3. — MOUVEMENTS À L'ÉCHELLE ET AUX BARRES HORIZONTALES
À HAUTEUR DE SUSPENSION.

*Exercices exécutés sur les barres mobiles ou aux montants
de l'échelle horizontale.*

1. — Sauter à la suspension allongée face à la barre, mains en pronation; sauter à terre en fléchissant les membres inférieurs et en élevant les bras.

2. — Sauter à la suspension allongée, puis changer alternativement la prise des mains.

3. — Sauter à la suspension allongée, puis écarter les mains latéralement et les rapprocher alternativement ou simultanément.

4. — Sauter à la suspension allongée, puis exécuter les mouvements de flexion, d'extension, d'abduction et de circumduction des membres inférieurs, d'abord avec flexion des segments puis en conservant les jambes et pieds étendus

5. — Étant en suspension allongée, exécuter la flexion des cuisses, la jambe et le pied étendus, en élevant les pieds joints jusqu'au contact de la barre.

Revenir lentement à la première position.

6. — Sauter à la suspension allongée, faire osciller le corps d'avant en arrière, les jambes souples; sauter en arrière en franchissant le plus grand espace possible.

7. — Même mouvement, en lâchant la barre au moment où le corps est à la fin de son oscillation en avant.

8. — Sauter à la suspension allongée, passer de cette attitude à la suspension fléchie (mains en pronation ou en supination).

Répéter ce mouvement une, deux et trois fois de suite.

9. — Sauter à la suspension allongée, écarter les mains le plus possible, attirer le corps par l'effort d'un bras vers la main correspondante pendant que l'on étend l'autre.

10. — Étant en suspension allongée faire un effort de traction des bras et changer simultanément la prise des mains.

11. — Étant en suspension allongée, fléchir un des membres inférieurs, pointe du pied baissée, puis élever le corps dans cette attitude au moyen de la traction des bras.

12. — Même mouvement, les deux genoux fléchis.

13. — Exécuter un mouvement semblable, les cuisses fléchies sur le tronc, les jambes étendues.

14. — Étant placé face à la barre et un peu en arrière, sauter à la suspension, faire immédiatement une traction des bras en même temps que l'on fléchit les cuisses sur le tronc, osciller et sauter en avant en lâchant la barre et en étendant vivement le tronc.

Exécuter par ce moyen un saut en longueur ou en hauteur au-dessus de la corde du sautoir.

15. — Sauter à la suspension allongée à un montant de l'échelle horizontale, passer de là à la suspension aux deux montants et ainsi de suite; revenir à la première position après avoir exécuté un tour complet.

16. — Étant à la suspension allongée à une barre horizontale, osciller latéralement autour de chaque main comme point d'appui, en soulevant la main du côté où le corps oscille.

17. — Suspension allongée à une barre puis suspension fléchie; passer de là à l'appui fléchi, puis à l'appui tendu :

1° Par un rétablissement sur les avant-bras, alternatif ou simultané;

2° Par un renversement;

3° Par un rétablissement alternatif ou simultané sur les poignets;

4° Par un élan.

Descendre en repassant par les phases inverses du rétablissement ou par un renversement au montant opposé dans le cas où l'exercice se fait à l'échelle.

Progressions à la suspension allongée ou fléchie.

18. — Progresser en oscillant le long d'une barre horizontale de droite à gauche ou de gauche à droite.

19. — Progresser le long des deux barres en avant et en arrière en oscillant librement.

20. — Progresser vers la droite ou vers la gauche le long d'une barre en déplaçant simultanément les mains.

21. — Progresser le long des deux barres en avant et en arrière en déplaçant simultanément les mains sans balancer le corps.

22. — En suspension allongée à deux barres, balancer le corps d'avant en arrière et inversement, et progresser en déplaçant simultanément les mains dans le sens de l'oscillation des jambes.

23. — Progresser en avant ou en arrière en suspension à l'échelle horizontale, une main à un échelon et l'autre à un montant, les bras étendus ou les bras demi-fléchis.

Même exercice en suspension aux échelons.

24. — Progresser à l'échelle horizontale en suspension aux échelons en balançant et en saisissant d'une main l'échelon le plus loin possible (progression par brasses).

ART. 4. — MOUVEMENTS SUR L'ÉCHELLE OU LES BARRES HORIZONTALES
À HAUTEUR D'APPUI.

25. — Sauter à l'appui tendu sur une barre, puis à terre[1].

26. — Sauter à l'appui fléchi sur une barre, puis passer à l'appui tendu; sauter à terre.

27. — Sauter à l'appui tendu sur une barre, s'asseoir entre les bras, en tournant le corps à droite ou à gauche; sauter en avant avec l'aide des bras.

28. — Sauter à l'appui tendu sur une barre, saisir d'une main la barre opposée, se mettre à cheval, revenir à la première position, puis sauter à terre.

29. — Sauter à l'appui tendu sur une barre, passer à la position à cheval sur les deux barres, étendre les jambes en posant les pieds sur les barres, faire une ou plusieurs flexions et extensions des bras, revenir à cheval, puis à l'appui tendu sur une barre; sauter à terre.

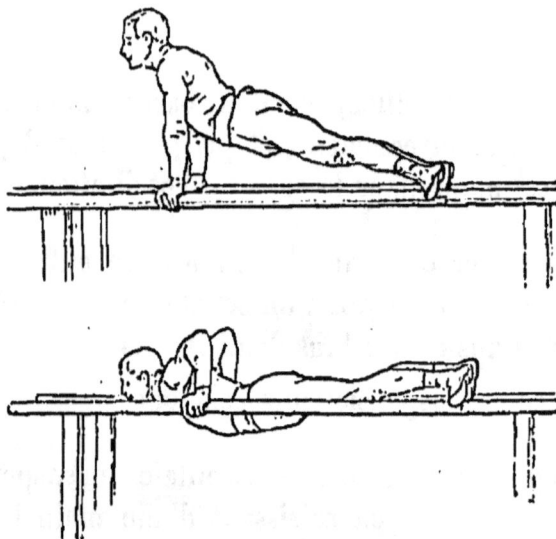

---

[1] Dans les appuis tendus sur une barre le corps devra rester entièrement étendu et incliné légèrement en avant.

30. — Sauter à l'appui tendu sur une des barres, s'asseoir à cheval, sauter à terre du côté opposé et inversement.

31. — Sauter à l'appui tendu sur une barre, s'asseoir, placer les mains derrière le corps et sur les deux barres en face l'une de l'autre, balancer les jambes réunies et étendues puis s'asseoir sur la barre opposée en avant ou en arrière des mains et contre celles-ci.

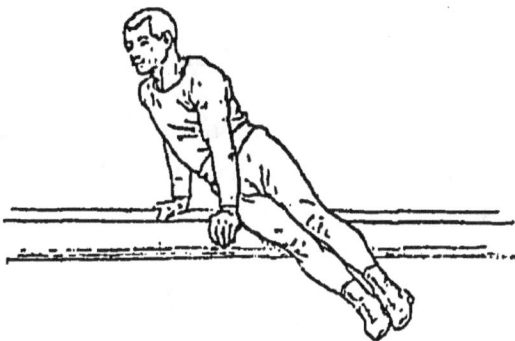

32. — Étant en dehors des barres, sauter à l'appui et à cheval en arrière des mains en saisissant les barres, puis les franchir de l'autre côté.

33. — Franchir les barres par un saut en mettant successivement les mains à l'appui sur chacune d'elles.

34. — Sauter à l'appui tendu sur les barres, exécuter des mouvements de flexion, d'extension, d'abduction et de circumduction du membre inférieur avec flexion de la jambe sur la cuisse, ou le membre inférieur restant étendu.

35. — Sauter à l'appui tendu sur une barre, s'asseoir à droite ou à gauche en pivotant autour d'une main.

36. — Sauter à l'appui tendu sur une barre, s'asseoir sur la cuisse droite ou gauche, passer la jambe droite ou gauche tendue au-dessus de la barre, puis l'autre, pour se trouver assis entre les barres, prendre point d'appui latéral sur chacune d'elles et sortir à droite ou à gauche après un balancement.

37. — Sauter à l'appui tendu sur une barre, s'asseoir entre les bras, placer un pied sur la barre et se relever sur ce pied, puis sauter à terre.

38. — Sauter à l'appui tendu sur une barre, balancer les jambes d'arrière en avant, puis d'avant en arrière, et sauter à terre le plus loin possible en arrière en se repoussant avec les bras.

39. — Étant à l'appui tendu sur deux barres, passer à l'appui fléchi par une flexion des bras et, de là, à l'appui tendu; exécuter ce mouvement une ou plusieurs fois de suite.

40. — Les barres étant à la hauteur des épaules, les saisir, y placer les coudes, soulever les pieds de terre, s'établir sur les avant-bras, puis sur les poignets, en s'attirant par la force des bras.

41. — Même exercice qu'au n° 40, en s'établissant sur les poignets après un balancement des jambes d'avant en arrière ou d'arrière en avant.

42. — Progresser latéralement le long d'une barre, étant à l'appui tendu.

43. — Progresser sur deux barres, étant à l'appui tendu, avec déplacement alternatif ou simultané des mains et sans flexion des membres inférieurs.

44. — Étant à cheval sur deux barres, les mains derrière le corps, progresser les bras étendus et en déplaçant successivement les mains et les jambes.

45. — Progresser en avant et en arrière sur deux barres, les jambes étendues, les pieds reposant sur les barres en avant ou en arrière des mains, en déplaçant alternativement les mains, les bras tendus ou demi-fléchis.

46. — Progresser latéralement sur une barre en passant de l'appui tendu sur cette barre au siège, puis à l'appui tendu, et ainsi de suite, en tournant autour de l'axe longitudinal du corps.

47. — Progresser sur les barres en avant ou en arrière au moyen d'un balancement du corps autour de l'axe des épaules et en déplaçant simultanément les mains, les bras étendus ou fléchis.

48. — Progresser sur les barres en sautillant au moyen d'une légère flexion des bras et en déplaçant simultanément les mains.

Remarque. — Les exercices de suspension et d'appui sur les barres peuvent être très variés; on en imaginera facilement d'autres et on choisira de préférence ceux qui peuvent être exécutés par un certain nombre d'élèves à la fois.

Les barres les plus utiles dans une école sont des barres de bois à section ovale et d'une longueur de 4 mètres au moins. Ces barres doivent pouvoir se placer à différentes hauteurs au moyen de chevilles de fer fixées dans des montants.

ART. 5. — ÉCHELLE INCLINÉE.

49. — Monter à l'échelle à l'aide des pieds et des mains, les pieds aux échelons, les mains aux montants :

1° En déplaçant les extrémités du côté opposé;

2° En déplaçant les extrémités du même côté.

Descendre de même.

50. — Monter et descendre à l'échelle par le revers au moyen des pieds et des mains :

1° Par les extrémités opposées;

2° Par les extrémités du même côté.

51. — Monter par le revers de l'échelle, s'arrêter les mains au même échelon, les pieds sur un échelon assez rapproché; exécuter des mouvements de flexion et d'extension des membres inférieurs et s'attirer contre l'échelle par une traction des bras, le corps étendu, en trois temps.

52. — Monter par le revers de l'échelle au moyen des pieds et des mains; passer par devant et descendre face en avant ou en arrière.

53. — Monter par le revers de l'échelle au moyen des pieds et des mains et descendre à l'aide des mains seulement, ou inversement : 1° par les échelons; 2° par un échelon et un montant; 3° par les montants en déplaçant alternativement les mains; 4° en déplaçant simultanément les mains.

54. — Monter et descendre par le revers de l'échelle à l'aide des bras seulement par les quatre procédés précédents.

55. — Monter par devant l'échelle à l'aide des mains en s'ap-

puyant sur les échelons, les pieds serrant les montants, et en déplaçant alternativement les mains; descendre de même.

Art. 6. — ÉCHELLE AVEC PLANCHE DORSALE.

1° Suspension allongée aux échelons, le dos contre la planche

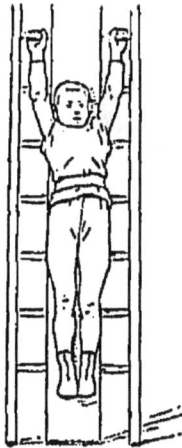

2° Suspension allongée aux échelons le dos contre la planche, exécuter les mouvements de flexion, d'extension et d'abduction en avant du membre inférieur.

3° Monter et descendre en plaçant les mains et les pieds alternativement ou simultanément sur les échelons.

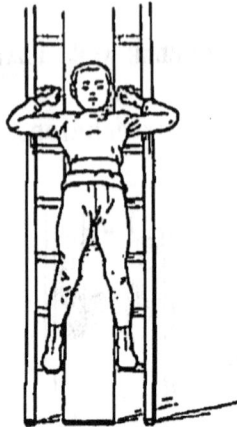

4° Monter et descendre en se suspendant d'une main et en se plaçant à l'appui tendu de l'autre.

5° Suspension allongée, élever les jambes tendues, puis monter en s'attirant vers l'échelon placé au-dessus. Replacer les jambes tendues sur les échelons et ainsi de suite; descendre échelon par échelon à l'aide des mains seulement en passant chaque fois de la suspension fléchie à la suspension allongée.

LIVRE PREMIER.

MANUEL D'EXERCICES GYMNASTIQUES.

DEUXIÈME PARTIE.

GYMNASTIQUE D'APPLICATION.

CHAPITRE VII.

DES ALLURES NORMALES.

On a établi dans l'avant-propos que l'un des points principaux de la gymnastique d'application est de perfectionner les allures normales de l'homme.

Les allures normales de l'homme sont : la marche, la course et le saut.

Si tous marchent, courent et sautent, toutes les manières de marcher, de courir et de sauter ne sont pas également bonnes au point de vue de l'effet utile qu'on en peut retirer. Il faut pour ces exercices, comme pour tous en général, une éducation spéciale des mouvements soumise à des lois naturelles que l'observation des meilleurs sujets a pu mettre en évidence.

Ainsi, dans la marche et dans la course, il ne suffit pas de s'efforcer d'acquérir la vitesse; pour soutenir une allure vive, il faut que cette vitesse soit obtenue économiquement, c'est-à-dire sans dépense inutile de force musculaire; il faut aussi, pour éviter des accidents dans les sauts par exemple, connaître la meilleure manière d'utiliser ses forces afin de détruire la vitesse acquise.

La méthode est donc aussi nécessaire dans les allures normales que dans les autres mouvements gymnastiques.

On trouvera dans les indications qui suivent quelques termes spéciaux dont voici d'abord la définition :

IMPRIMERIE NATIONALE.

Pas. — Succession des actes qui s'effectuent entre deux appuis successifs d'un même pied.

Longueur du pas. — Distance qui sépare les empreintes successives de la pointe ou du talon d'un même pied sur le sol.

Rythme ou cadence d'une allure. — Nombre de pas ou d'appuis du même pied exécutés en une minute.

Vitesse de progression. — Vitesse moyenne de la masse du corps ou quotient de l'espace parcouru par le temps employé à le parcourir.

Appui ou poser du pied. — Période du pas où le pied est en contact avec le sol et pendant laquelle le membre inférieur se déroule autour du pied.

Lever du pied. — Période du pas qui s'écoule entre deux appuis d'un même pied. Dans cette période, le pied ne touche pas le sol, le membre inférieur oscille d'arrière en avant autour de l'articulation de la hanche.

Double appui. — Période de la marche qui précède immédiatement le lever du pied et pendant laquelle le corps repose sur les deux pieds (talon de l'un et pointe de l'autre).

Suspension du corps. — Période de la course et du saut pendant laquelle le corps est complètement détaché du sol. Cette période suit immédiatement l'*impulsion* et précède la *chute*.

ARTICLE PREMIER.

DE LA MARCHE.

Dans la marche il y a une relation entre la longueur du pas et la cadence. Si l'on accélère progressivement cette cadence jusqu'à 75 pas à la minute, on voit la longueur du pas augmenter avec elle jusqu'à 1 m. 70 environ pour un homme moyen. Ce chiffre est un maximum, et si l'on accélère encore l'allure à ce moment, on voit le pas diminuer de longueur.

Le maximum de vitesse de progression correspond environ à

la cadence de 85 pas à la minute pour un adulte, mais toutes les cadences de la marche qui dépassent 65 ou 70 ne peuvent pas être utilisées dans la pratique à cause de la fatigue qu'elles occasionnent.

Les allures avantageuses sont celles qui varient de 55 à 65 pas à la minute. Il vaut donc mieux allonger le pas plutôt que de le précipiter.

Dans la marche longtemps soutenue, les jambes doivent être légèrement fléchies, le poids du corps porté en avant.

On ne doit commander que la cadence ou bien la longueur du pas de marche, car ces deux éléments sont liés entre eux.

La cadence doit être modérée, en rapport avec la taille, et l'on doit tirer parti de toute l'oscillation complète de la jambe, c'est-à-dire faire le pas allongé.

Cet allongement du pas doit s'obtenir en poussant avec la jambe à l'appui le plus longtemps possible plutôt qu'en exagérant l'ouverture de l'angle des jambes ou en étendant complètement la jambe au moment du poser du pied.

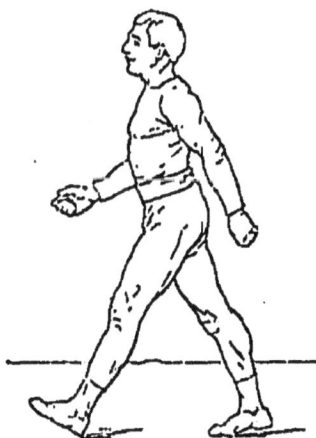

Marcheur à l'instant du double appui.

Le pied doit toucher le sol par le talon sans choc, la jambe se fléchit ensuite légèrement et le déroulement du pied sur le sol doit être complet.

Il faut éviter cependant de fléchir trop la jambe au moment de l'appui, on raccourcirait ainsi la longueur du pas.

Dans la marche sur un terrain montant, le corps doit être penché en avant. Le contraire a lieu dans la descente.

La chaussure doit avoir la forme du pied, la semelle large assez épaisse mais souple; le talon très bas et large.

Un talon élevé diminue la longueur du pas et contribue à donner de mauvaises attitudes.

Une semelle longue à talon bas augmente au contraire la longueur du pas en permettant le déroulement complet du pied sur le sol.

Art. 2.

DES COURSES.

La course peut s'exécuter à des cadences variées, mais les allures courues à des rythmes lents sont tout à fait défectueuses au point de vue utile, car dans ces allures, on est obligé de sautiller presque sur place.

La véritable cadence d'une course de résistance au point de vue pratique est de environ 105 à 115 pas complets à la minute.

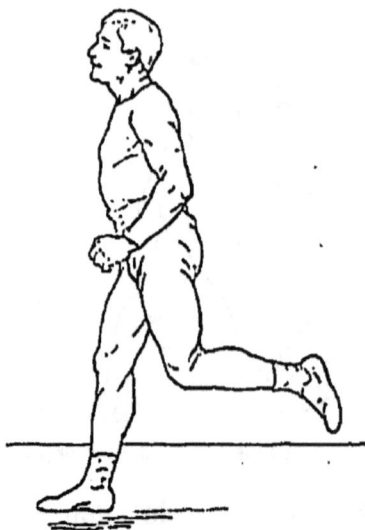

Course de fond, instant de la suspension du corps.

Au delà du rythme 120, la course n'est plus une allure de fond que l'on peut soutenir longtemps. C'est alors une course de vélocité.

Pour augmenter d'une petite quantité sa vitesse, le coureur doit dépenser d'autant plus de travail qu'il est déjà à une allure plus vive; il atteint donc vite la limite maximum de sa vitesse qui est de 9 à 10 mètres par seconde.

Ces vitesses maxima ne peuvent être soutenues que pendant un temps très court, dix à treize secondes environ qui correspondent à un parcours d'une centaine de mètres pour un adulte.

Dans ces courses de vitesse, en effet, le coureur ne peut presque pas respirer et l'effort permanent qu'il exécute ne peut être prolongé sans danger.

La plus grande qualité du coureur est de suffire à une respiration active sans essoufflement ni troubles de la circulation. Il arrive à cet état par l'entraînement progressif et aussi par la régularisation volontaire de ses mouvements respiratoires.

Il faut veiller surtout à ce que l'amour-propre et l'émulation exagérés ne mènent pas à des excès qui feraient dégénérer un excellent exercice en un surmenage dangereux.

Dans tous les cas, les jeunes enfants ne devront jamais se livrer à la course soutenue et il ne faudra pas faire courir les élèves sans les avoir soumis préalablement à un examen médical dans lequel on éliminera ceux qui présentent quelques troubles cardiaques.

La longueur du pas de course dépend surtout du degré et de l'intensité d'extension de la jambe active.

Cependant la longueur du pas dépend aussi de la manière dont on pose le pied à terre. Si l'on pose par la pointe, le pas est forcément raccourci; si l'on pose par le talon, le pas est très allongé, il est vrai, mais il y a des inconvénients sérieux à procéder de cette façon.

Le choc, au moment du poser du pied, est alors très considérable, et comme la jambe n'a d'action propulsive que lorsqu'elle a dépassé la verticale, pendant toute la phase de déroulement qui précède cette position, la jambe à l'appui ne fait que ralentir la vitesse de progression.

Au contraire, si le coureur pose le pied à plat, la jambe est alors verticale, fléchie légèrement sur la cuisse et le choc est amorti par les muscles extenseurs.

Le corps reste presque vertical pendant la course; ce n'est qu'au début qu'il est incliné en avant et seulement pendant quelques pas.

Course de vélocité.

Fin de l'appui.　　　　　　　　Suspension du corps.

Arrêt de la course.　　　　　　Départ de la course.

Inversement le coureur qui veut s'arrêter doit se pencher en arrière, afin de faire agir le poids du corps pour ralentir sa vitesse.

En résumé, il y a une distinction à établir entre la course de fond et la course de vélocité :

La première, destinée à franchir une longue distance, doit se faire à un rythme modéré et non à une allure sautillée.

Dans la course de fond, le pied pose à plat, le corps incliné légèrement en avant se détache peu de terre, les membres sont souples et un peu fléchis, la respiration est cadencée avec le pas. On doit éviter les torsions exagérées du tronc et l'écartement excessif des empreintes.

Les combinaisons de marches, de courses de fond et de haltes sont un moyen pratique excellent de parcourir une distance maximum dans un temps donné.

Ainsi 40 minutes de marche, 10 minutes de course de fond et 10 minutes de repos permettent de franchir rapidement et sans grande fatigue une étape que l'on aurait dû faire à un rythme trop accéléré, si on l'avait exécutée uniquement au pas de marche.

Ces marches et courses mélangées peuvent être soutenues longtemps.

La course de vélocité doit être limitée dans son parcours; 80 ou 100 mètres est un maximum qu'il ne faut pas dépasser.

Au départ, le corps est penché en avant, puis il se redresse et le pas s'accélère en s'allongeant au maximum.

La course de vélocité doit être faite très modérément et seulement par les élèves des classes supérieures.

Art. 3.

SAUTS.

Les sauts diffèrent suivant que le corps est en repos ou animé de vitesse au moment de l'impulsion.

Il y a les *sauts de pied ferme* ou sans élan et les *sauts précédés d'une course* ou avec élan.

Dans les sauts on distingue en général quatre périodes principales :

La période de *préparation;*
La période d'*impulsion;*
La période de *suspension;*
La période de *chute.*

Dans la période de *préparation* on fléchit les segments du membre inférieur et on abaisse les bras de façon à donner au corps l'attitude la plus favorable aux actes qui vont suivre et qui constituent l'impulsion.

La période d'*impulsion* commence avec la détente des membres inférieurs et l'élévation vive des bras qui en augmente l'intensité; elle finit au moment où le corps se détache de terre.

Le but de l'impulsion est de communiquer à la masse du corps une vitesse favorable au genre de saut que l'on veut exécuter.

La période de *suspension* commence au moment où le corps est détaché du sol et finit au moment où il touche la terre de nouveau.

Entre ces deux appuis le corps se meut dans l'espace absolument comme un projectile.

Pendant cette suspension, le centre de gravité du sauteur peut se déplacer dans le corps s'il change d'attitude, mais ce centre de gravité ne peut quitter dans l'espace la *trajectoire parabolique* déterminée seulement par la direction et la grandeur de la vitesse d'impulsion due au coup de jarret.

La période de *chute* commence au moment où le corps touche terre après la suspension; elle se compose des actes musculaires les plus favorables à détruire la vitesse que possède le corps après le saut proprement dit, de façon à amortir le choc et à en éviter les dangers.

SAUTS DE PIED FERME.

Les sauts sans élan se font en *hauteur*, en *longueur* et en *hauteur et longueur*.

SAUT DE PIED FERME EN HAUTEUR.

Pour sauter de pied ferme au-dessus d'un obstacle, on se place debout le plus près possible de cet obstacle, les talons joints, les bras élevés; on fléchit ensuite les membres inférieurs en abaissant les bras (période de préparation), puis (période d'impulsion) on change brusquement le sens d'oscillation des bras en leur communiquant la plus grande vitesse d'élévation possible pendant que l'on fait une vigoureuse extension des membres inférieurs.

Le corps se détache du sol (période de suspension), et si l'on veut franchir un obstacle élevé, on fléchit fortement les membres inférieurs en maintenant les bras étendus horizontalement. L'obstacle franchi, on abaisse les bras, on étend le tronc et les membres inférieurs pour éviter le contact du corps contre l'obstacle; les deux pieds touchent simultanément le sol par la pointe (période de chute), on résiste à la flexion exagérée des membres inférieurs par un effort d'extension et l'on relève vivement les bras pour rétablir l'équilibre.

Saut en hauteur de pied ferme au-dessus d'un obstacle.

Si l'obstacle est très large et que l'on veuille y prendre appui (saut en hauteur), il faudra fléchir fortement les jambes, être suffisamment éloigné de l'obstacle afin de pouvoir exécuter cette

Saut de pied ferme en hauteur.

flexion ainsi que le mouvement d'élévation des bras, prendre appui au sommet de la trajectoire où la vitesse est nulle et se relever immédiatement.

Dans ce dernier cas, il n'y a pas de chute à proprement parler, c'est l'impulsion qui est la période véritablement importante.

SAUT DE PIED FERME EN LONGUEUR.

Le saut de pied ferme en longueur doit être précédé d'une flexion marquée des membres inférieurs; la détente doit être énergique; l'extension doit être complète et coïncider avec une vive projection des bras en avant; l'impulsion doit être donnée pendant que le corps fait un commencement de chute en avant, elle finit au moment où la ligne qui joint le centre d'appui des pieds à la hanche fait un angle de 45 degrés avec l'horizontale.

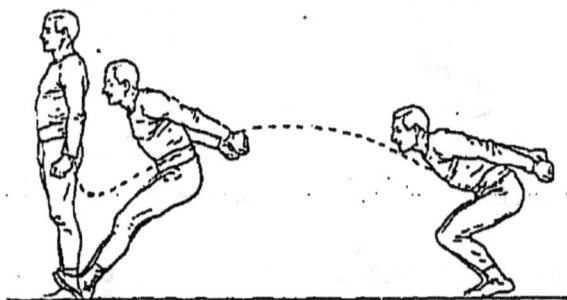

Saut en longueur de pied ferme.

Il est inutile de se grouper d'une façon exagérée pendant le saut en longueur; les jambes peuvent, au contraire, rester presque allongées, les cuisses ont seules besoin d'être légèrement fléchies. Le pied rase le sol et touche terre par le talon en avant du corps.

Ce mode de chute n'a pas d'inconvénients : la vitesse à annuler étant oblique, il faut nécessairement que l'effort d'extension ou d'amortissement des membres inférieurs soit dirigé suivant cette obliquité. Le corps se trouve en arrière des pieds au moment où ils touchent terre, mais il est animé d'une vitesse horizontale, et cette vitesse est plus que suffisante pour l'amener au-dessus

de son point d'appui; le mouvement d'élévation des bras assure
l'équilibre final.

C'est ainsi que procèdent tous les praticiens habiles qui n'ont
d'autre maître que la nature; la longueur du saut est plus grande
et la chute plus assurée que de toute autre façon.

Une chute sur les ischions serait à redouter cependant, si le
sol était glissant.

SAUT EN PROFONDEUR.

Pour exécuter un saut en profondeur, on se place sur le bord
de l'obstacle (mur, estrade, etc.) sur lequel on repose face en
avant ou en arrière et l'on abaisse le plus possible le centre de
gravité du corps afin de diminuer la hauteur de chute.

Saut en profondeur.

On se met pour cela en station accroupie les mains à l'appui,
ou bien encore on se suspend par les mains au rebord de l'obstacle. On abandonne cet obstacle sans sauter en hauteur mais en
lançant un peu horizontalement le corps, de façon à éviter une
chute à pic.

On a soin d'étendre les membres inférieurs pendant la suspension et l'on doit arriver néanmoins au contact du sol les jarrets
légèrement fléchis.

On résistera par un effort d'extension à la flexion exagérée qui
tend à se produire au moment de la chute.

On assurera l'équilibre final au moyen d'un balancement convenable des bras.

La chute en profondeur est particulièrement dangereuse; les entorses, les fractures, les déchirures de muscles et de tendons, les commotions cérébrales, les hernies crurales, en peuvent être la conséquence.

On s'entourera donc de toutes les précautions nécessaires et on suivra une progression des plus douces dans la hauteur.

SAUTS AVEC ÉLAN.

Dans les sauts avec élan, on fait précéder l'appel du pied d'une course préalable, qui a pour but de donner au corps une vitesse horizontale que l'on utilisera au moment de l'appel pour augmenter la hauteur ou la longueur du saut.

La vitesse horizontale acquise par ce moyen influe beaucoup plus sur la longueur que sur la hauteur du saut.

La course qui précède les sauts doit aller en s'accélérant jusqu'au moment de l'appel du pied.

On doit exercer les élèves à donner cet appel sans tremplin et indistinctement de l'un ou de l'autre pied.

Les sauts avec élan se font en *hauteur*, en *longueur* et en *hauteur et longueur*.

SAUT AVEC ÉLAN EN HAUTEUR.

Il ne faut que quelques pas de course pour exécuter un saut en hauteur avec élan, l'appel se fait d'un pied, le tronc est vertical ou légèrement incliné en arrière au moment de l'impulsion.

Saut en hauteur avec élan.

Les jambes se réunissent pendant la suspension, et l'attitude la plus favorable pour franchir un obstacle élevé est celle où le tronc est fléchi sur les cuisses, les jambes restant presque étendues et horizontales.

Attitudes d'un sauteur au-dessus de l'obstacle à franchir.

Au moment de la chute les pieds touchent terre par la pointe; on résiste par un effort d'extension à la flexion exagérée des membres inférieurs, comme dans le saut en profondeur. On assure l'équilibre final par un mouvement convenable des bras; il faut pour cela, après les avoir abaissés pendant la suspension, les élever vivement ensuite au moment du contact avec le sol.

SAUT AVEC ÉLAN EN LONGUEUR.

Contrairement à ce qui a été dit pour le saut en hauteur avec élan, la course qui précède le saut en longueur doit être très vive et accélérée, la longueur parcourue de 10 à 20 mètres.

C'est de la rapidité de la course préalable que dépend la longueur du saut.

L'appel se fait d'un pied, le tronc incliné légèrement en avant.

Pendant la suspension il n'est pas nécessaire de se ramasser comme pour le saut en hauteur.

Au moment de la chute, le pied touche terre par le talon; à ce moment les bras sont abaissés et en abduction en arrière; l'obliquité des jambes est en rapport avec la longueur du saut.

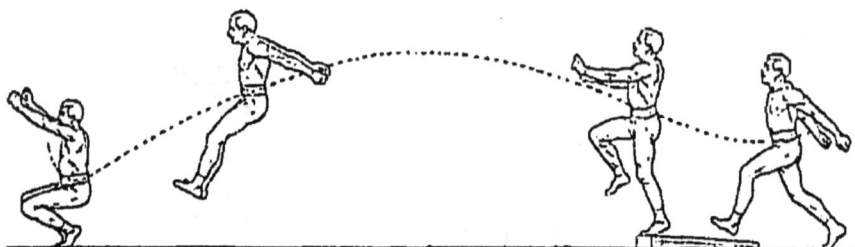

Saut en longueur avec élan.

On élevera les bras pour rétablir l'équilibre final qui dans les sauts en longueur est très difficile à obtenir.

SAUT AVEC ÉLAN EN HAUTEUR ET LONGUEUR.

Le saut avec élan en hauteur et longueur est un saut en hauteur exécuté avec une course préalable plus vive et une inclinaison plus grande du tronc au moment de l'impulsion.

Il n'offre rien de particulier, l'attitude du corps pendant la suspension est celle du saut en hauteur.

Observation sur les chutes des sauts en général.

Dans les chutes des sauts, on doit résister à la flexion exagérée des membres inférieurs par une extension active, on doit finalement s'efforcer de rester immobile, les pieds sur leurs empreintes.

Pour cela, dans tous les sauts en hauteur ou profondeur, le pied touche terre par la pointe, et dans tous les sauts en longueur le pied porte sur le talon, les membres inférieurs légèrement fléchis et obliques en avant suivant la longueur du saut.

Dans la chute qui termine les différents sauts, il est nécessaire d'avoir les talons réunis, les genoux joints ou légèrement ouverts; cette dernière attitude est naturelle et semble donner la plus grande stabilité.

Les bras servent à rétablir l'équilibre par un balancement convenable; aussi faut-il se garder de ne pas profiter de leur aide en les immobilisant dans une position horizontale, quelque soit le saut.

SAUTS DIVERS.

Dans toutes les autres variétés de sauts, on peut observer les mêmes principes généraux relatifs à la préparation, à l'impulsion, à la suspension et à la chute.

Ainsi, dans le saut en arrière ou de côté, l'inclinaison du tronc et le mouvement des bras doivent être dirigés dans la direction du saut.

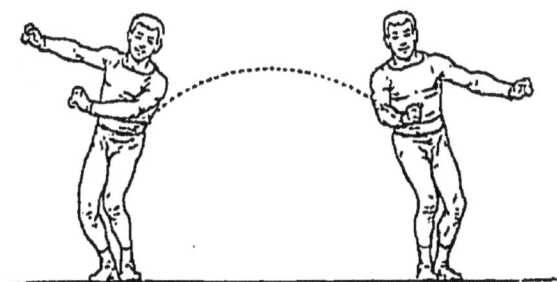

Saut de côté.

Dans les sauts successifs, les jambes fléchies dans la chute doivent immédiatement s'étendre avec une nouvelle élévation des bras.

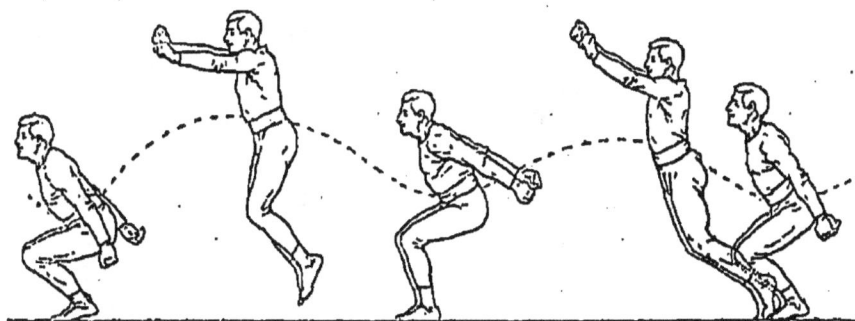

Sauts successifs.

Dans les progressions par sauts successifs sur un pied, qu'on nomme sauts à cloche-pied, les bras ont toujours un rôle actif, le tronc est fortement incliné dans la direction suivie. Ces progressions très pénibles ne s'exécutent que comme exercices gymnastiques.

Saut à cloche-pied.

L'appel des deux pieds s'allie à l'appui des mains dans les sauts d'obstacles et ne demande qu'une course préalable très modérée.

Si l'on veut quitter un véhicule dont on possède la vitesse, il faut abandonner celui-ci d'un seul coup de façon à éviter de s'y accrocher par les vêtements.

En sautant loin on se repoussera donc de l'obstacle; mais les pieds touchent le sol les premiers et perdent instantanément leur vitesse, tandis que le mouvement du tronc continue, et si l'on ne prenait pas les précautions convenables, une chute dans le sens de la progression serait inévitable.

Pour y remédier, on fait agir le poids du corps lui-même en l'inclinant en arrière ou en avant, suivant que l'on descend dans le sens du véhicule ou en sens inverse. La vitesse acquise suffit pour redresser verticalement le corps.

Progression à suivre dans les exercices de marche, de course et de sauts.

On devra, comme pour les autres exercices, observer dans la marche, la course et les sauts, une gradation. Cette gradation sera basée et sur la dépense de travail musculaire et sur la difficulté d'exécution.

Ainsi la marche sera d'autant plus fatigante qu'elle sera plus accélérée ou d'une durée plus longue, qu'elle se fera sur un terrain meuble, inégal ou accidenté, qu'elle sera exécutée contre le vent, avec une charge, etc.

Il en sera de même de la course.

Les sauts s'exécutent d'abord en hauteur sur place, puis en longueur de pied ferme, ensuite en hauteur et longueur, enfin avec une course préalable.

Les courses qui précèdent les sauts se feront de plus en plus longues et de plus en plus vives.

Ce n'est que lorsque les élèves seront maîtres de leur chute qu'on commencera à leur faire exécuter graduellement les sauts en profondeur en ayant soin de les surveiller de près et d'attendre pour faire sauter un élève que celui qui l'a précédé ait eu le temps de se ranger.

IMPRIMERIE NATIONALE.

CHAPITRE VIII.

SAUTS AU MOYEN D'INSTRUMENTS.

Article premier.

SAUT À LA PERCHE.

Les perches employées auront des dimensions en rapport avec l'âge et la force des élèves; ceux-ci seront exercés à sauter tantôt à droite, tantôt à gauche.

Dans le saut à la perche, la hauteur du saut est augmentée par une vigoureuse traction des bras effectuée pendant la période de suspension alors que la perche appuie sur le sol. On substitue ainsi à l'appui du pied l'appui de la perche et à l'effort des extenseurs celui des fléchisseurs et adducteurs des bras. Le corps est hissé à l'extrémité de la perche, tandis que celle-ci oscille autour de son point d'appui. Il résulte de ces circonstances une hauteur et une longueur de saut plus grandes que dans les sauts ordinaires.

1. *Saut préparatoire.* — L'élève tient la perche horizontalement, les deux mains en supination, la droite ou la gauche du côté du gros bout. Il fait deux ou trois pas de course, appuie à terre le bout inférieur de la perche droit devant lui, donne son appel du pied qui est en avant, soulève le corps en s'aidant des mains sans les laisser glisser, lance les jambes à gauche si la main droite est en bas ou inversement, franchit un certain espace en maintenant les jambes dans la position horizontale, tombe face à la perche en fléchissant les membres inférieurs et relève le bout inférieur de la perche en se redressant.

2. *Saut en longueur.* — Ce saut s'exécute d'après les mêmes

principes que le précédent, avec un élan et un appel plus énergiques.

Sauts en longueur au moyen d'une perche.

3. *Saut en hauteur.* — Dans le saut en hauteur l'impulsion doit
permettre de porter les pieds à la hauteur de la tête. On poussera
sur la perche au moyen du bras inférieur pendant qu'on tirera
sur l'autre.

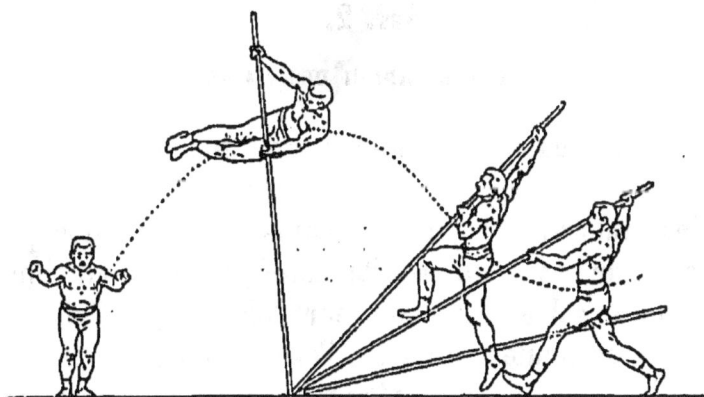

Saut en hauteur au moyen d'une perche.

4. On exécute, d'après les principes indiqués, les sauts en
longueur et hauteur; en longueur, hauteur et profondeur.

5. *Saut en longueur et profondeur.* — Ce saut peut s'exécuter en
plaçant la perche entre les jambes lorsqu'on peut en saisir l'ex-

trémité et passer par-dessus. Autrement il vaut mieux passer à droite ou à gauche.

Saut en longueur et profondeur au moyen d'une perche.

Art. 2.

SAUT AVEC APPUI DES MAINS.

Ces sauts s'exécutent sur une barre, une poutre, une barrière, etc.

Dans les sauts avec appui des mains, la suspension proprement dite est de beaucoup réduite : tantôt il y a appui simultané des pieds sur le sol et des mains sur l'obstacle, et l'effort d'adduction des bras ajoute son effet à l'extension des jambes, tantôt l'appui sur les mains est effectué après le saut, ce qui permet une obliquité extrême du corps pendant la suspension et une grande longueur de saut. Il y a alors deux chutes, l'une sur les poignets, l'autre finale sur les pieds. Dans ces sauts, lorsque les jambes passent au-dessus de l'obstacle, elles sont fléchies entre les bras ou allongées latéralement pendant que le corps est à l'appui sur un seul bras allongé; le poids du corps doit toujours être porté par le bras à l'appui, ce qui exige que l'on se tienne auprès de l'obstacle au moment du saut.

1. Le corps repose sur les mains, les bras tendus, le ventre appuyé contre l'obstacle à franchir; l'élève balance latéralement les jambes une ou plusieurs fois et lance les jambes réunies à droite ou à gauche des mains par-dessus l'obstacle, il lâche la main du côté où passera le corps, franchit l'obstacle et tombe suivant les règles du saut.

2. Ce même saut s'exécute après quelques pas de course; dans ce cas, il faut faire l'appel les pieds joints.

3. L'élève franchit la barre en prenant un peu d'élan en appuyant une main et en passant successivement les jambes, la face dans la direction de la barre.

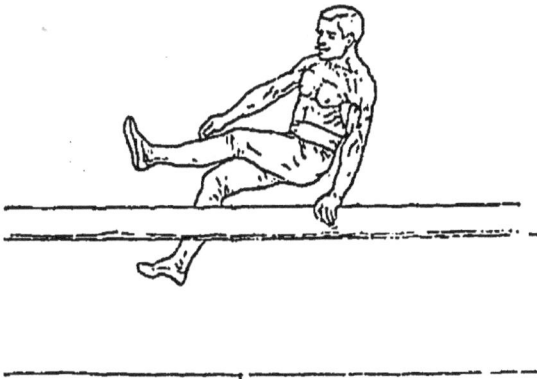

4. L'élève franchit l'obstacle, en faisant passer les pieds réunis entre les bras.

5. L'élève franchit l'obstacle, les mains réunies, les jambes écartées.

Remarque. — Ces deux derniers sauts exigent plus que les autres la présence du maître.

ART. 3.

TABOURET À SAUTER AVEC ARÇONS.

Exercices sans élan.

1. Sauter à l'appui tendu et sauter à terre en arrière.

2. Sauter à l'appui tendu et lever l'une ou l'autre jambe et la passer tendue par-dessus le tabouret; se mettre à cheval, revenir à l'appui et sauter à terre en arrière.

3. Étant à l'appui se mettre à cheval, passer l'une ou l'autre jambe pour s'asseoir et sauter à terre en avant.

4. Étant à cheval, placer les mains près des cuisses et sauter à terre à droite ou à gauche, les deux jambes réunies.

5. Étant à cheval, placer les mains près des cuisses, porter le poids du corps sur les mains, élever les jambes en les croisant et se trouver à cheval face en arrière.

6. Étant à l'appui tendu, passer les jambes réunies à droite ou à gauche ou entre les bras, s'asseoir et sauter à terre en avant.

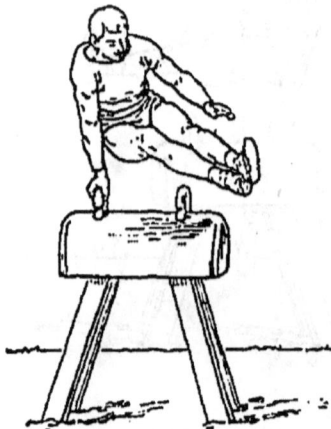

Exercices avec élan.

7. Prendre un élan, appuyer les mains, sauter sur le tabouret les genoux réunis entre les bras, et sauter à terre en avant.

8. Prendre un élan, placer les mains sur la ligne transversale du tabouret, soulever les jambes le corps appuyé sur les bras et franchir le tabouret à droite ou à gauche.

9. Prendre un élan, appuyer les mains et franchir le tabouret en passant les pieds entre les bras.

CHAPITRE IX.

DU GRIMPER.

ARTICLE PREMIER.

MÀT VERTICAL.

1. *Monter au mât en croisant les bras et les jambes.*

S'élever sur la pointe des pieds, étendre les bras et saisir le mât aussi haut que possible, le serrer fortement avec les bras croisés, se soulever de terre et saisir le mât au moyen des jambes croisées, le tronc fléchi.

Lâcher les mains et les porter le plus haut possible en étendant

le tronc, desserrer les jambes et serrer le mât plus haut au moyen d'une flexion du tronc.

Desserrer les bras, les reporter plus haut et ainsi de suite.

On pourra varier la position et le mouvement des jambes comme suit :

1. Placer le mollet d'une jambe devant le mât et le cou-de-pied de l'autre derrière.

2. Placer une jambe de chaque côté du mât et le serrer par une forte pression des pieds et des genoux.

3. Fléchir fortement les jambes en écartant les genoux et serrer le mât entre les plantes des pieds.

Cette dernière manière est employée par les bateliers.

La descente s'effectuera par les mouvements inverses.

Art. 2.

ÉCHELLE DE CORDE.

L'élève saisit, le plus haut possible, les montants de l'échelle, pose les pieds sur un échelon les genoux en dehors des montants,

le poids du corps portant sur le bord externe de la plante des pieds, il élève ensuite la main gauche le long du montant, porte en même temps le pied droit sur l'échelon supérieur en se soulevant sur le jarret droit

Il exécute le même mouvement avec les autres extrémités et continue de monter ainsi, la tête droite, le corps rapproché de l'échelle.

Il descend d'après les mêmes principes.

Art. 3.

CORDE LISSE.

1. *Monter à la corde lisse à l'aide des mains et des pieds, et descendre.*

L'élève saisit la corde le plus haut possible, élève le corps en faisant effort des bras, raccourcit les jambes, prend la corde entre les cuisses, lui fait faire un tour complet autour de la jambe droite, de manière qu'elle touche le mollet et passe par-dessus le cou-de-pied, il la fixe solidement dans cette position avec la plante du pied gauche qui appuie sur le cou-de-pied droit, détache les mains l'une après l'autre pour saisir la corde le plus haut possible, étend les jambes, fait, de nouveau, effort des bras pour élever le corps en laissant glisser la corde sur le cou-de-pied droit, la presse avec le pied gauche et continue ainsi.

Quand la corde est isolée, l'élève porte les jambes horizontalement en avant, au lieu de les tenir dans une position verticale.

La corde embrasse plus fortement le mollet dans la position horizontale et offre aussi un point d'appui qui permet à l'élève de prendre plus facilement du repos et de s'élever à une plus grande hauteur.

Pour descendre, l'élève se laisse glisser le long de la corde, dans la position indiquée ci-dessus, en portant alternativement une main au-dessous de l'autre. Il exerce toutefois une certaine pression avec les membres inférieurs, afin de diminuer la vitesse de descente.

2. Monter à la corde lisse en plaçant un pied devant et l'autre derrière la corde.

L'élève saisit la corde le plus haut possible, place contre elle le genou et le cou-de-pied droit (ou gauche), le talon et le mollet gauche (ou droit) serrant le côté opposé, il s'élève à la force des bras, fléchit les membres inférieurs, presse la corde avec les jambes, place les mains l'une au-dessus de l'autre pour se soulever de nouveau, et continue ainsi.

Pour descendre l'élève exerce avec les pieds une pression suffisante pour diminuer la vitesse de la descente et déplace successivement les mains en les portant l'une au-dessous de l'autre.

3. Monter à une corde lisse à l'aide des mains seulement et descendre de même.

L'élève saisit la corde, le plus haut possible, fait effort des bras et se soulève en portant alternativement une main au-dessus de l'autre, les jambes légèrement fléchies, la corde entre les cuisses.

Il descend d'après les mêmes principes.

4. *Relever la corde pour s'y donner un point d'appui,*
soit sous la cuisse, soit sous le pied.

L'élève étant suspendu à la corde par les deux mains l'abandonne de la main gauche, saisit la partie inférieure de la corde en dehors et sous la cuisse gauche; il réunit les deux parties de la corde dans la main gauche qu'il rapporte près de la droite.

Pour avoir plus de stabilité, il peut saisir en même temps les deux parties de la corde avec la main droite qu'il place sous la main gauche; il porte alors le poids du corps sur la cuisse gauche pour se reposer.

Cet exercice s'exécute aussi comme il suit :

Au lieu de passer la corde sous la cuisse gauche, on soulève la jambe gauche, on passe la corde sous la plante du pied en la soulevant de la main gauche; on étend alors la jambe et l'exercice se termine comme ci-dessus, en portant tout le poids du corps sur le pied gauche, les jambes tendues, le corps droit.

L'élève peut aussi prendre un point d'appui sur la cuisse droite ou le pied droit.

CHAPITRE X.

EXERCICES PRATIQUES EN VUE DES SAUVETAGES.

———

ARTICLE PREMIER.

PASSE-RIVIÈRE.

Une corde lisse est suspendue à un portique, à un arbre ou au plafond du gymnase.

L'élève monté sur une plate-forme, une estrade ou un point élevé, saisit des deux mains la corde, assez haut pour que le corps ne puisse pas rencontrer le sol pendant l'oscillation; il se soulève à la force des bras pour quitter son point d'appui; en même temps qu'il fléchit les cuisses sur le tronc, les jambes étendues et réunies, le coude placé à gauche ou à droite du corps suivant la position des mains. Il franchit l'espace en maintenant les jambes un peu au-dessus de l'horizontale et tombe face en avant en lâchant la corde, suivant les principes du saut.

Cet exercice peut s'exécuter avec deux cordes parallèles à l'écartement des épaules.

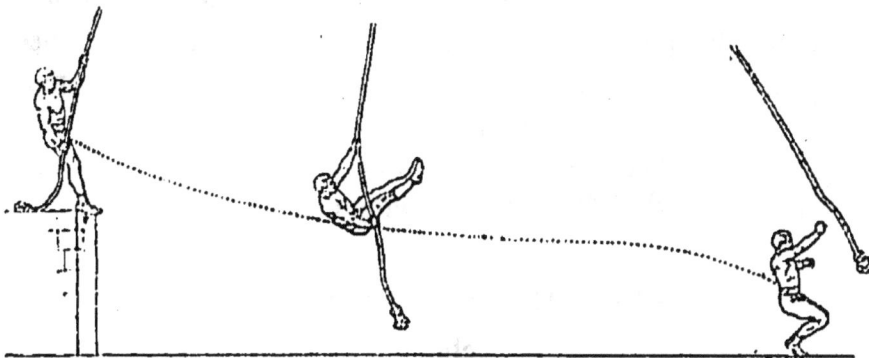

Art. 2. — Poutre horizontale.

1. *Progresser à cheval en avant.*

L'élève se met à cheval sur la poutre, place les mains en avant près des cuisses, les pouces en dessus, les doigts en dehors; il soulève le corps en s'appuyant sur les mains, les jambes pendant naturellement et se porte en avant pour s'asseoir, les cuisses touchant les poignets.

Il continue d'après les mêmes principes.

Cet exercice doit être rythmé.

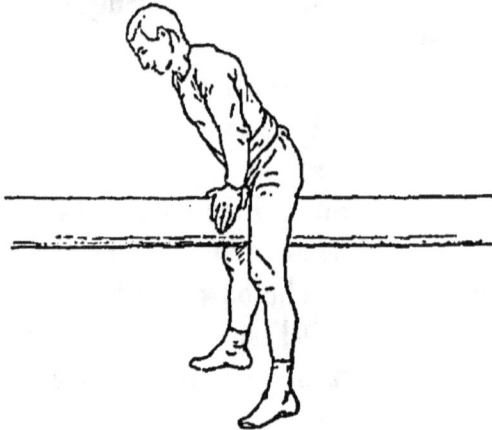

2. *Progresser à cheval en arrière.*

L'élève se met à cheval sur la poutre, place les mains près des cuisses, les pouces en dessus, les doigts en dehors, balance les jambes en avant, puis en arrière, et, se soulevant sur les poignets, porte par une forte impulsion des bras le corps en arrière; il rapproche immédiatement les mains des cuisses et continue cet exercice, qui doit être rythmé comme le précédent.

3. *S'asseoir sur la poutre et progresser latéralement.*

Pour progresser vers la gauche, l'élève s'assied sur la poutre, place la main droite près de la cuisse droite, les doigts en avant, et la main gauche à environ 16 centimètres à gauche; il soulève le corps sur les bras et le rapproche de la main gauche, s'assied, replace la main droite près de la cuisse droite et ainsi de suite.

Pour progresser vers la droite, il fait les actes inverses.

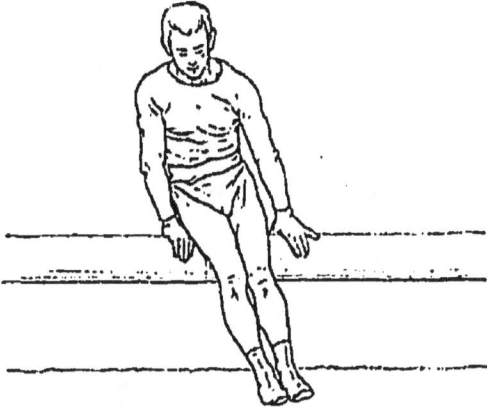

Cet exercice doit être rythmé.

4. S'enlever sur les poignets, face à la poutre et progresser latéralement.

Pour progresser à droite, l'élève se place, le ventre appuyé sur la poutre, les mains près des cuisses, les paumes en avant et s'enlève sur les poignets, les jambes pendant naturellement, les pieds réunis. Ensuite il place la main droite à 16 centimètres environ à droite, porte le corps contre cette main, en se maintenant sur les poignets, rapproche la main gauche de la cuisse et continue ainsi.

Pour progresser sur la gauche, il fait les actes inverses.

Cet exercice doit être rythmé.

5. Marcher en avant.

Avant d'exercer les élèves sur la poutre, le professeur leur fait prendre l'attitude suivante :

Le pied droit un peu en avant du gauche, le talon vis-à-vis le

IMPRIMERIE NATIONALE.

milieu du pied gauche, les bras étendus pour servir de balanciers et maintenir l'équilibre.

L'élève se place debout sur la poutre, dans l'attitude indiquée ci-dessus; il marche en tendant le jarret sans raideur, les yeux fixés un peu en avant des pieds.

La longueur du pas n'est point déterminée; il est important de ne pas le faire trop long, afin de conserver plus facilement l'équilibre.

Le professeur habitue les élèves à marcher lentement d'abord, et à accélérer progressivement le pas.

Cette marche doit être rythmée.

6. *Marcher à reculons.*

L'élève marche à reculons, d'après les principes indiqués ci-dessus, en redoublant de précaution.

7. *Marcher transversalement de côté.*

L'élève se place debout et transversalement sur la poutre, les talons réunis, la pointe des pieds un peu ouverte, les bras souples.

En marchant, l'élève porte le pied droit vers la droite, ramène le pied gauche à côté du droit, repart du pied droit et continue ainsi.

Il marche vers la gauche d'après les mêmes principes.

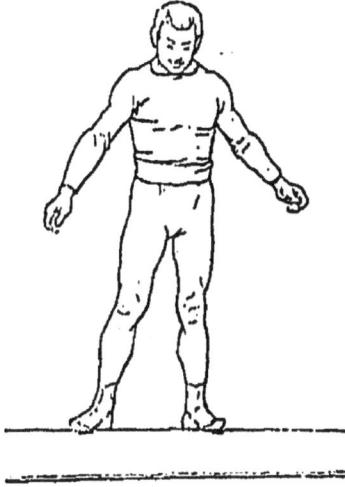

8. *Étant à cheval, se mouvoir sur les mains en avant et en arrière.*

L'élève étant à cheval place les deux mains sur la poutre, les doigts en dehors, les pouces en dessus, soulève le corps, les cuisses horizontalement placées, les jambes pendant naturellement, porte la main à environ 8 centimètres en avant, détache la main gauche de la poutre pour la placer à 8 centimètres en avant de la main droite, et continue ainsi, sans toucher la poutre avec les cuisses.

Cet exercice s'exécute en arrière d'après les mêmes principes.

9. *Faire face en arrière, étant debout sur la poutre.*

L'élève pivote sur place jusqu'à ce qu'il soit face en arrière, en ayant soin de s'aider des bras pour maintenir l'équilibre.

10. *Marcher debout, s'arrêter, se placer à cheval et se remettre debout.*

L'élève marche sur la poutre d'après les principes prescrits, s'arrête, place le pied qui est en arrière contre le talon de celui qui est en avant, fléchit les membres inférieurs, place les mains sur la poutre, près des pieds, les doigts en dehors, porte tout le poids du corps sur les poignets, en avançant un peu la tête, laisse glisser lentement et simultanément les pieds de chaque côté de la poutre et se place à cheval.

Pour se remettre debout, l'élève place les mains sur la poutre, près des cuisses, balance une ou deux fois les jambes en arrière, reporte les pieds sur la poutre, dans la position prescrite, et se remet debout.

11. *Étant debout, sauter en avant.*

Se conformer aux indications données pour le *Saut en profondeur.*

12. *Étant assis, sauter en avant.*

L'élève, étant assis sur la poutre, place les mains près des cuisses, les doigts en avant, puis par une impulsion des jambes et des bras, se lance à terre loin de la poutre et tombe suivant les principes du saut.

Art. 3. — Corde inclinée.

1. *Progresser par le jarret et les mains.*

L'élève au-dessous de la corde se suspend par les mains, en-

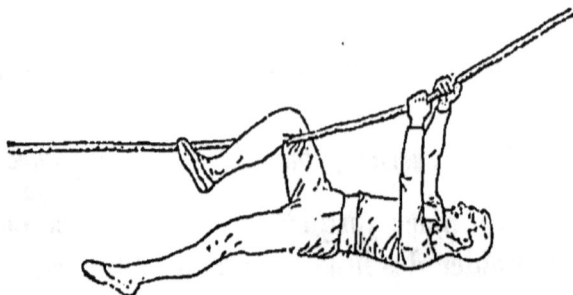

gage le jarret droit ou gauche et monte comme à la corde verticale. La jambe engagée sert simplement de point d'appui.

Descendre d'après les mêmes principes.

2. *Progresser avec les talons et les mains.*

L'élève au-dessous de la corde se suspend par les mains, engage le talon gauche puis le talon droit, en progressant de la main gauche et en observant de ne déplacer en même temps que les membres opposés.

Descendre d'après les mêmes principes.

3. *Progresser au-dessus de la corde.*

L'élève saisit la corde des mains et des pieds comme au grimper à la corde verticale et progresse au-dessus d'elle en s'efforçant de maintenir son équilibre.

4. Même progression que précédemment avec une jambe, la pointe du pied en dedans, le genou en dehors; l'autre jambe pend naturellement.

5. *Progresser en arrière à la force des bras.*

L'élève, en suspension par les mains, le corps droit, les pieds réunis, progresse comme au-dessous de l'échelle inclinée en portant alternativement les mains au-dessus l'une de l'autre.

Art. 4. — Perche amorosienne.

La perche amorosienne est une forte perche munie à son extrémité supérieure d'un double crampon en fer. La perche s'accroche au faîte d'un mur, et pour l'escalade on se sert des bras pour grimper à la perche et des pieds pour s'arc-bouter au mur.

1er Exercice. Monter et descendre par un mouvement alternatif des membres supérieurs, en serrant la perche entre les cuisses, les pieds appuyés au mur.

2° Exercice. Monter et descendre par un mouvement alternatif

du membre supérieur et inférieur et en appuyant les pieds au
mur de chaque côté de la perche.

3ᵉ EXERCICE. Monter et descendre par un mouvement simultané des membres supérieur et inférieur, les pieds placés comme à
l'exercice précédent.

4ᵉ EXERCICE. Monter et descendre en plaçant les deux jambes
du même côté.

5ᵉ EXERCICE. Monter à la perche et se rétablir sur le faîte du
mur à l'aide des avant-bras.

6ᵉ EXERCICE. Monter à la perche et se rétablir sur les poignets.

Art. 5. — Planche d'assaut.

Une planche de 4 à 5 mètres de long est appuyée contre une estrade ou une poutre placée à 2 mètres de haut environ et forme avec le sol un angle variable de 30 à 40°; les élèves placés devant la planche s'élancent successivement en courant, gravissent la pente sans s'arrêter, prennent appui sur l'estrade et sautent à terre en fléchissant.

On devra diminuer graduellement la longueur de la course, faire monter les élèves au pas ordinaire, puis les faire descendre en résistant à la rapidité de la course.

Si un élève dans cette descente se sentait glisser, il aurait soin de fléchir les jambes pour éviter une chute en arrière.

Art. 6. — Planche ou plate-forme à rétablissements [1]

1. S'établir sur la plate-forme au moyen des avant-bras.

L'élève se place sous le bord antérieur de la planche, il saute à la suspension allongée au rebord de la planche, passe à la suspension fléchie, appuie l'un après l'autre les avant-bras sur la

---

[1] La plate-forme est accrochée au mur ou à une échelle verticale et doit pouvoir se fixer à des hauteurs variables.

plate-forme sans trop les engager, écarte ensuite les mains, les pose à plat, passe ainsi à l'appui fléchi et de là à l'appui tendu. Il met enfin les genoux sur la planche entre les bras et passe de là à la station droite.

2. *S'établir par un renversement.*

L'élève tourne le dos à la plate-forme, saute à la suspension allongée au rebord, passe en suspension fléchie en exécutant une forte flexion des cuisses sur le tronc; il s'élève ainsi jusqu'à ce que les jambes soient engagées sur la plate-forme, le plus avant possible, il détache alors les mains l'une après l'autre, les pose à plat, étend le corps en se poussant en arrière, puis passe à la station droite.

Les élèves bien exercés ne changent pas les mains de place pour achever de s'établir.

3. Monter en s'établissant alternativement sur les poignets.

L'élève en suspension allongée à la plate-forme et lui faisant face, s'élève à la force des bras, place la main droite sur la plate-forme, les doigts tournés vers sa gauche, le coude élevé sans bouger la main gauche. Puis il place la main gauche, les doigts tournés vers sa droite, le coude élevé, avance le haut du corps pour se mettre à l'appui fléchi puis à l'appui tendu par l'extension des bras, du tronc et des cuisses; il se met ensuite à genoux, puis debout.

4. Monter sur la plate-forme en s'y accrochant par une jambe et s'y établir sur les avant-bras.

L'élève fait face à la plate-forme et s'y suspend comme il est indiqué à l'exercice précédent; puis il s'enlève par une traction

des bras en portant le corps vers la gauche, engage la jambe droite sur la plate-forme et à l'aide de cette jambe et des avant-bras il achève de s'établir sur la plate-forme. Il a soin de maintenir la jambe gauche étendue et de la porter le plus en avant possible sous la plate-forme.

RÉTABLISSEMENT DANS L'ATTITUDE RENVERSÉE.

Étant face à la planche, sauter à la suspension allongée, les mains à l'écartement des épaules ; fléchir les membres inférieurs, les passer entre les bras, les étendre verticalement et, par une forte traction des bras, s'établir assis les jambes étendues sur la plate-forme.

DIFFÉRENTES MANIÈRES DE DESCENDRE.

5. *Descendre sur les avant-bras.*

L'élève s'assied sur le bord de la plate-forme, les jambes pendant en dehors, se retourne sur le ventre, se laisse glisser lentement, en s'appuyant sur les avant-bras, saisit le bord de la plate-forme avec les mains, étend les bras et tombe à terre d'après les principes du saut en profondeur.

6. *Descendre par un renversement.*

Cet exercice s'exécute comme le numéro 2, mais en sens inverse ; l'élève place les mains sur le bord de la plate-forme, les doigts en dessus, le pouce réuni à l'index, puis exécute lentement un renversement autour du rebord de la planche en allongeant progressivement les bras.

Art. 7. — NATATION.

La natation consiste à associer harmonieusement les mouvements des membres dans le but de se soutenir et de progresser, la tête émergeant hors de l'eau afin de pouvoir respirer.

L'enseignement gymnastique de la natation comprend deux ordres d'exercices :

1° Les mouvements élémentaires à sec qui ont été décrits au chapitre III, article 5 ;

2° Les mouvements dans l'eau.

MOUVEMENTS DANS L'EAU.

Au début, quand on met un élève à l'eau, le professeur le soutient en plaçant la main sous l'estomac ou avec une corde attachée à la ceinture, et il lui fait exécuter les mouvements qu'il a enseignés sur le chevalet.

L'élève les exécute de mieux en mieux au fur et à mesure qu'il reprend dans l'eau son assurance.

Plus tard, le professeur cesse de soutenir son élève quand il a acquis la certitude qu'il n'a plus d'appréhension.

Les élèves ne seront conduits au bain que lorsqu'ils sauront parfaitement exécuter les exercices préparatoires. Il sera bon de les grouper par trois ou quatre et de faire exécuter dans l'eau avec l'aide d'un des élèves comme soutien et à tour de rôle les exercices qui auront été exécutés à sec sur le chevalet.

Dès que les élèves sauront régulièrement nager, ils pourront essayer de nager sur le dos, sur le côté, en quadrupède, sans le secours des bras; ils pourront aussi s'exercer à se retourner, à nager entre deux eaux, à plonger, à faire la planche, la coupe, etc.

Avant de faire plonger les élèves, on les habitue pendant quelque temps à remplir leurs poumons d'air et à l'y retenir le plus longtemps possible. On les exerce ensuite à cacher leur tête sous l'eau pendant quelques secondes, les yeux ouverts, afin de les familiariser avec cet élément.

Pour plonger, l'élève s'élance la tête la première, les bras étendus et gagne le fond en nageant. Il ne faut jamais se jeter à l'eau à plat ventre.

Pour revenir à la surface, il se place verticalement la tête en haut et nage dans cette position.

On habitue aussi les nageurs à sauter debout dans l'eau; dans ce cas, ils prennent un vigoureux élan et se jettent les pieds en avant, les jambes jointes, les bras tendus le long des cuisses, la tête et le haut du corps légèrement inclinés en arrière.

Quand on se lance de très haut, il est important de garantir avec une main les parties génitales qui, sans cette précaution, pourraient recevoir un choc violent à la surface de l'eau.

Les élèves-plongeurs ou les maîtres-nageurs sont toujours revêtus de la ceinture ou sangle munie d'une corde suffisamment longue, tenue par le surveillant.

Les bains se prennent avant le repas, ou au moins trois heures après; l'heure la plus convenable semble être celle qui suit la sortie des classes du soir. Un exercice léger, sans être poussé jusqu'à la transpiration, doit précéder le bain. L'élève se place sur le bord de l'eau, se mouille la tête, la poitrine et le ventre, puis se jette franchement à l'eau, de façon à immerger tout le corps à la fois. La durée moyenne du bain ne doit pas dépasser un quart d'heure; cette durée doit être abrégée si le froid que le corps éprouve au contact de l'eau persiste.

Au sortir du bain, l'élève doit s'essuyer le corps, et la réaction doit être favorisée par un exercice ou par une marche rapide.

La crampe est une contraction douloureuse se produisant par accès dans un ou plusieurs muscles, accompagnée de raideur et d'immobilité de la partie affectée. Elle se produit généralement dans les jambes, parfois dans les bras, rarement dans les bras et les jambes simultanément.

Si la crampe se produit dans les jambes, le nageur doit se mettre sur le dos et chercher à allonger le talon en raidissant la jambe, pour étirer les muscles du mollet.

Si la crampe se produit dans les bras, le nageur cherchera à les élever de côté en les raidissant, de façon à contracter fortement les muscles extenseurs des doigts.

Si la crampe se produit simultanément dans les bras et dans les jambes, le nageur doit sortir de l'eau aussi rapidement qu'il le pourra. Dans les trois cas, il devra appeler au secours.

Pour se dégager d'un tourbillon ou de l'étreinte de plantes aquatiques, il ne faut pas chercher à résister, mais au contraire rester immobile et passif.

Dans le cas d'asphyxie par submersion, on exécutera les manœuvres de la respiration artificielle comme il a été prescrit dans les circulaires préfectorales.

CAS OÙ QUELQU'UN SE TROUVE EN DANGER DE SE NOYER.

Dans ce cas, il faut d'abord tendre une perche ou lancer une corde, s'il se peut. Dans le cas contraire, se jeter à l'eau, s'approcher du noyé par derrière et le saisir brusquement sous les aisselles, les bras fortement tendus en avant, et le redresser de manière que sa tête sorte de l'eau, puis le pousser vers le rivage en nageant des pieds avec vigueur. En cas de fatigue excessive, l'abandonner immédiatement, reprendre haleine sans le perdre de vue et le ressaisir de nouveau.

Si le nageur est saisi par celui qui se noie, il ne pourra se dégager qu'en gardant tout son sang-froid. Du moment qu'il est étreint et qu'il se sent près de couler, il doit prendre haleine, engager vivement les doigts de ses deux mains sous l'extrémité de ceux qui les serrent, les ouvrir par un effort violent et brusque, puis au même instant se dégager par une secousse, s'échapper rapidement et aller attendre à l'écart le moment opportun pour ressaisir convenablement le noyé. Dans le cas où celui-ci serait très robuste, il serait bon parfois d'attendre qu'il ait perdu connaissance afin de l'aborder de nouveau.

ART. 8. — CANOTAGE[1].

Le canotage s'enseigne d'après des règles analogues à celles de la natation. On exerce d'abord les élèves à exécuter tous les mouvements à sec; puis, si la localité où ils se trouvent le permet, on leur fait faire la manœuvre de la rame dans l'eau.

Comme dans certains pays les canots pourraient faire défaut; on remédiera à cet inconvénient de la manière suivante :

Placer deux bancs parallèlement et installer entre eux une chaise ou un tabouret. Deux manches à balais à l'extrémité des-

---

[2] L'extrémité du canot à laquelle l'élève tourne le dos est l'*avant* ou *proue*, l'autre extrémité est l'*arrière* ou *poupe*. Le côté qui est à sa droite est le *tribord*, le côté gauche le *bâbord*. La partie de la rame qui entre dans l'eau se nomme la *pelle*. Les *dames* sont les échancrures des flancs dans lesquelles on place les rames.

quels on aura cloué deux petites planchettes pourront être substitués aux rames. Cet appareil une fois établi, le professeur fera asseoir son élève sur la chaise ou le tabouret en lui recommandant de placer le pied gauche en arrière. Il lui fera saisir les rames à environ 15 centimètres de leur extrémité, le dos des mains en dessus, la pelle à plat.

Pour avancer, le professeur fait le commandement de :

Avant, un, deux.

Au commandement de : *Un*, l'élève s'incline vivement en avant en allongeant les bras de façon à porter les pelles des rames le plus possible sur la proue, les poignets un peu arrondis en dehors. Dans cette position, il se tient prêt à ramer.

Au commandement de : *Deux*, il enfonce les pelles dans l'eau, rejette le corps en arrière en ramenant les poignées des rames contre la poitrine, le dos des mains en dessus, les pelles horizontales, le pied droit aidant au mouvement du corps, il reprend la position primitive.

Pour reculer, le professeur commande :

Scie-partout, un, deux.

Au commandement de : *Un*, l'élève tourne les poignets, les ongles en avant, de façon à placer les pelles verticalement; il enfonce les rames dans l'eau, les bras raccourcis.

Au commandement de : *Deux*, l'élève fait effort sur les poignées des rames en allongeant les bras, le pied gauche aidant au mouvement du corps; il retire les pelles de l'eau en tournant les poignets, le dos des mains en dessus.

Pour changer de direction à droite (ou à gauche) le professeur commande :

Scie-tribord-avant-bâbord (ou *scie-bâbord-avant-tribord*), *Un, deux.*

Au commandement de : *Un*, l'élève exécute avec la rame droite (gauche) le premier mouvement de *Avant* (ou de *Scie-partout*), et avec la rame gauche (droite) le premier mouvement de *Scie-partout* (ou de *Avant*).

Au commandement de : *Deux*, il exécute les seconds mouvements.

Pour éviter un obstacle, le professeur commande :

Laisse-courir.

L'élève donne une petite secousse aux poignées des rames pour les dégager de leurs *dames* et les laisser au courant, les pelles à plat, les mains le plus près possible des bords.

Lorsque l'élève est fatigué, le professeur commande :

Lève-rame.

L'élève place les rames horizontalement, les pelles à plat, et pose ses coudes sur les poignées.

Lorsque l'élève est suffisamment habile et qu'il sait nager, on peut lui faire exécuter cette manœuvre dans l'eau.

ART. 9. — DU TRANSPORT DES FARDEAUX OU DES BLESSÉS.

On doit habituer les élèves à traîner, à pousser, à soulever et à porter avec adresse toute espèce de fardeaux, des pierres arrondies, des morceaux de bois, des sacs remplis de sable de différentes dimensions et de différents poids, en rapport avec leur force. Les élèves ainsi chargés exécutent les marches, les courses et les sauts.

DIFFÉRENTES MANIÈRES DE PORTER UN OU PLUSIEURS ENFANTS POUR LES SAUVER D'UN DANGER.

Ces exercices s'exécutent par un élève de seize ans et au-dessous, et par un ou plusieurs enfants de sept à huit ans.

Lorsque tous les élèves sont parfaitement initiés aux différentes manières de charger les fardeaux, le professeur fait exécuter ces exercices par plusieurs élèves à la fois, puis il les fait marcher en ordre au pas cadencé.

1. PLACER UN ENFANT SOUS L'UN OU L'AUTRE BRAS.

Saisir un élève par derrière, les mains posées sous les aisselles, le soulever et le placer doucement sous l'un des bras, la face tournée légèrement vers la terre, la tête levée. Le bras du porteur passe sous le ventre, de manière que l'enfant ait la poitrine bien libre.

2. PORTER UN ENFANT SUR LE DOS.

Placer l'enfant à califourchon sur le dos, les bras croisés sur la poitrine du porteur, le poids du corps reposant sur les hanches.

3. PLACER UN ENFANT À CHEVAL SUR LES DEUX ÉPAULES.

L'enfant étant placé à califourchon, le soulever par le haut des bras, lui faire passer les jambes par-dessus les épaules et les laisser pendre ensuite de chaque côté de la tête devant la poitrine du porteur.

IMPRIMERIE NATIONALE.

Tenant l'enfant dans cette position, on le porte de deux manières :

1° En le tenant par les deux mains;

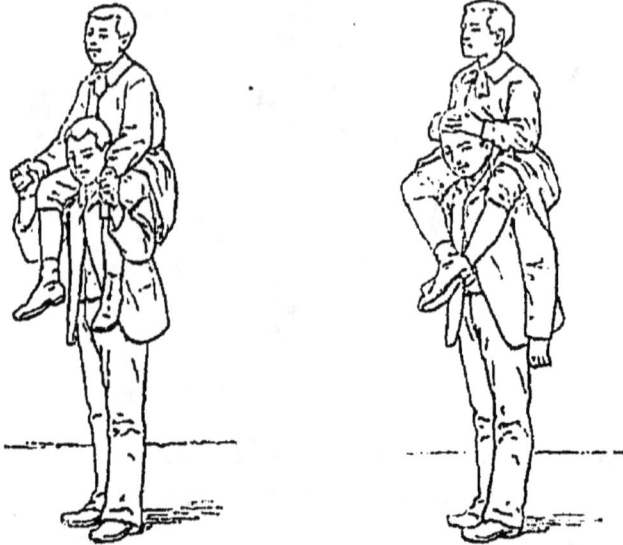

2° En lui faisant croiser les jambes sur la poitrine et les mains sur le front du porteur; dans cette position, ce dernier a les bras libres et peut porter, au besoin, un ou deux autres enfants.

4. ASSEOIR UN ENFANT SUR UNE ÉPAULE, LES JAMBES PENDANT EN AVANT.

Lorsque l'enfant est déjà à cheval sur les deux épaules du porteur, rien de plus facile que de lui faire passer la jambe droite par-dessus la tête du porteur, qui étreint ensuite les deux jambes de l'enfant au moyen du bras gauche en le soutenant de la main droite.

Si l'enfant était à terre, le porteur le saisirait par derrière, les deux mains sous les aisselles, et le placerait sur l'une ou l'autre épaule pour prendre la position qui vient d'être indiquée.

5. PLACER UN ENFANT À CHEVAL SUR CHAQUE ÉPAULE.

Les deux enfants se mettent devant le porteur en se faisant

face et en plaçant sur l'épaule le bras qui fait face au porteur. Ce dernier se baisse ensuite pour passer les épaules entre les jambes des élèves à transporter, puis il saisit le bras gauche de l'enfant placé sur l'épaule gauche et le bras droit de l'enfant placé sur l'épaule droite, et se redresse pour marcher.

6. TRANSPORT D'UN MALADE OU D'UN BLESSÉ.

Les élèves étant placés sur deux rangs à une dizaine de pas, le mouvement sera exécuté alternativement par le premier et le second rang. Toutefois, dans les débuts, le professeur se bornera à le faire exécuter par deux élèves à la fois.

Le n° 1 se couche sur le dos, dans un état complet de résolution musculaire.

Le n° 2 saisit le n° 1 par le bras gauche, l'enlève de terre,

fléchit et passe son genou droit sous le dos de son camarade
pour le soulever; en même temps il se baisse assez pour que le
devant de ses épaules vienne toucher la poitrine du nᵇ 1, l'entoure des deux bras à la taille pour faire passer la partie supérieure du corps sous son bras droit, et, par un effort, en se
re!ressant, il fait décrire un arc de cercle aux jambes du n° 1,

de manière que ce dernier se trouve placé sur son épaule
gauche, les jambes pendantes, le haut du corps légèrement incliné en avant.

Il le soutient ainsi, les mains restant à la même place, et
marche au commandement du professeur.

Pour déposer l'élève porté, le porteur l'incline en avant, fléchit
les membres intérieurs et ne lâche son camarade que quand il a
touché le sol des pieds.

Les élèves qui préfèrent porter sur l'épaule droite exécutent
ce mouvement d'après les mêmes principes, mais systémati-
quement.

7. LE SIMPLE BRANCARD IMPROVISÉ.

Les élèves de même taille dans chaque file sont déployés à
huit ou dix pas de distance, sur trois rangs.

Le professeur, ayant fait faire par le flanc droit, ordonne à l'élève du premier rang d'accrocher les phalanges de la main gauche aux phalanges de la main droite de l'élève du troisième rang, les bras légèrement pendants. Les élèves du deuxième rang avancent d'un pas pour faciliter le mouvement.

Les deux premiers élèves se baissent ensuite et présentent les bras à hauteur des jarrets de l'élève du second rang; celui-ci

s'assied, met les bras sur les épaules de ses porteurs qui le soulèvent et placent le bras resté libre derrière le dos de l'élève à transporter, en attendant l'ordre du professeur pour se mettre en marche au pas cadencé.

8. LA CHAISE À PORTEURS.

La chaise à porteurs est un mouvement identique au simple brancard improvisé, excepté que les porteurs placent les deux bras qui sont restés libres sur l'épaule l'un de l'autre pour en former un dossier à l'élève à transporter.

9. LE DOUBLE BRANCARD IMPROVISÉ.

Pour cet exercice, quatre élèves placés sur deux rangs se font face et engagent leurs phalanges.

L'élève qui représente le *malade* s'étend de tout son long sur cette espèce de lit.

Un sixième élève marche derrière pour soulever la tête de l'élève à transporter.

CHAPITRE XI.

DE L'ESCRIME.

L'enseignement de l'escrime ne peut être qu'individuel. C'est un art autant qu'une science.

L'escrime a pour but d'employer les moyens les plus efficaces pour diriger le plus promptement et le mieux possible l'épée dans l'attaque et dans la défense.

Elle comprend les mouvements préparatoires, les engagements, les attaques, les parades, les ripostes et les temps. La leçon les enseigne; on les met en pratique dans l'assaut. Pour l'assaut, comme pour la leçon, l'arme employée est le fleuret.

Le fleuret se compose de deux parties principales : la lame et la monture.

La lame est en acier et quadrangulaire. Elle se divise : en pointe, que termine un bouton destiné à écarter toute idée de danger; en milieu, talon et soie. La longueur varie de 0ᵐ80 à 0ᵐ90. Courte, elle facilite la parade; longue, l'attaque.

La monture se divise : en poignée, constituée par la fusée, faite avec du bois de frêne ou de hêtre, qu'entourent des cordons; en garde, présentant deux lunettes; et en pommeau, qui sert de contrepoids à la lame.

C'est dans la monture qu'est engagée la lame, par la soie qui est rivée sur le pommeau.

L'épée se tient : la poignée dans la main droite, le pouce allongé en dessus sans toucher la lunette, les autres doigts réunis en dessous. Le pouce et l'index serrent, les autres doigts, le petit notamment, s'appuyant sur la poignée, et ne la serrant à leur tour qu'à l'instant précis où se réalise la parade ou l'attaque.

MOUVEMENTS PRÉPARATOIRES.

L'élève est placé debout, le corps droit sans raideur, la tête haute, les épaules effacées, les talons joints, le droit devant le gauche, les bras tombant naturellement, la pointe du fleuret presque à terre, en avant et à gauche du pied droit.

Il est ainsi préparé à se mettre en garde. La garde est la position préliminaire, la meilleure pour préparer à l'attaque comme à la défense.

Dans la position où l'élève doit être placé, la mise en garde consiste de sa part à faire les cinq mouvements suivants :

1er MOUVEMENT. Faire un pas en avant, en élevant le bras droit allongé, la main tournée les ongles en dessus à hauteur du sommet de la tête et un peu à droite, la lame dans le prolongement du bras, puis rapprocher immédiatement la main du menton, les ongles tournés vers le visage, l'épée verticale, pour saluer ensuite son adversaire en abaissant l'épée vers la droite de toute l'extension du bras, la paume de la main tournée vers le sol.

2° MOUVEMENT. Ramener le bras vers la main gauche qui saisit alors le talon de la lame, sans la serrer, imitant le geste de mettre l'épée au fourreau et de l'en ôter.

3° MOUVEMENT. Élever en même temps les bras au-dessus de la tête en les arrondissant.

4° MOUVEMENT. Lâcher l'arme de la main gauche qui se place en arrière à hauteur du sommet de la tête, le bras gauche toujours arrondi, pendant que la main droite s'abaisse à hauteur du sein droit, le bras demi-tendu, le coude au-devant et à proximité du corps, la pointe de l'épée à hauteur du visage.

5° MOUVEMENT. Porter le pied droit à environ deux semelles en avant du talon gauche, en fléchissant sur les jambes, le corps toujours droit.

Ces cinq mouvements, qui viennent d'être décomposés pour la clarté de la démonstration, doivent être liés dans l'exécution de façon à se confondre en un seul.

Quand l'élève veut marcher, il porte le pied droit en avant, sans déranger la position du corps ni celle de l'épée, puis le pied gauche à la distance du droit où il se trouvait auparavant.

Quand il veut rompre, il porte en arrière le pied gauche, puis le droit à la distance du gauche où il se trouvait auparavant.

ENGAGEMENTS.

L'*engagement* est la jonction de son fer avec celui de l'adversaire. Il peut se faire de huit manières.

L'élève qui a en face de lui un autre élève ne peut joindre son fer qu'à droite ou qu'à gauche dans la ligne qui est à sa droite, dite *ligne du dedans*, ou dans celle qui est à sa gauche, dite *ligne du dehors*.

Mais, dans chacune de ces lignes, il peut diriger la pointe de son fleuret en haut ou en bas de la ligne, c'est-à-dire dans le dehors haut, dans le dehors bas, dans le dedans haut, dans le dedans bas.

Enfin, ses doigts, dans chacune de ces quatre lignes, peuvent être placés en dessus (supination) ou en dessous (pronation), d'où huit engagements, auxquels on a donné les noms de prime, seconde, tierce, quarte, quinte, sixte, septime et octave, savoir :

Ligne du dedans	Haut	Supination	Quarte.
		Pronation	Prime.
	Bas	Supination	Septime.
		Pronation	Quinte.
Ligne du dehors	Haut	Supination	Sixte.
		Pronation	Tierce.
	Bas	Supination	Octave.
		Pronation	Seconde.

Les préférables, employés le plus communément, sont la quarte et la tierce.

La première condition de l'engagement, c'est de couvrir, en termes usuels, c'est de garantir le tireur, de telle sorte que si ce dernier vient à être attaqué par un coup droit il ne puisse être atteint; le fer de l'adversaire passerait à côté du corps menacé, à une distance écartant toute idée de danger, sans qu'il soit besoin d'effectuer la moindre parade, le moindre mouvement.

C'est la correction ainsi comprise de l'engagement qui est le point de départ de toutes les combinaisons de l'attaque composée.

Le double engagement est la succession immédiate de deux engagements.

Le changement d'engagement est un nouvel engagement pris du côté opposé au précédent.

ATTAQUES.

Les attaques se font par des coups simples ou par des coups composés.

Le *coup simple* est l'attaque réduite à sa plus simple expression, dirigeant la pointe vers le corps dans la ligne où l'adversaire n'est pas couvert.

Quand l'engagement est correct, le coup simple est celui qui fait passer le fer de la ligne dans laquelle l'adversaire est couvert dans celle où il ne l'est pas. Quand l'engagement est défectueux, le coup simple est le coup droit.

Ce passage d'une ligne à l'autre s'effectue par-dessous ou par-dessus le bouton du fleuret. Il s'appelle *dégagé*, dans le premier cas ; *coupé*, dans le second.

Le tireur qui attaque est-il à la distance ordinaire, le dégagé est préférable, comme plus rapide, attendu que l'extrémité de son fleuret aura un trajet moindre à parcourir pour atteindre l'autre ligne.

Est-il au contraire à une distance rapprochée, comme il arrive fréquemment dans les ripostes, il devra de préférence couper, parce qu'un dégagé obligerait son fleuret à faire le tour du gant épais, en tout cas, de la main de son adversaire, tandis que le coupé lui fait seulement franchir l'épaisseur insignifiante d'un fleuret.

On doit éviter les primes et les quintes, qui, se tirant en cavant la main, ne permettent pas à l'attaqueur d'être couvert, ainsi que les coups droits et les dégagements en tierce. Les meilleures attaques se terminent en quarte et en sixte, à moins que l'adversaire n'ait une tendance manifeste à parer dans la ligne du dedans.

Le *coup d'arrêt* est l'attaque faite sur l'adversaire qui attaque, avant que son attaque ait été exécutée. Il doit exclure absolument la possibilité du coup double.

Le *redoublement* est une nouvelle attaque succédant immédiatement à une première, sur une parade sans riposte.

Il est souvent très bon de faire précéder les attaques par des battements, des doubles battements, des pressions et surtout des feintes.

La *feinte*, qui est le simulacre d'un coup, doit être exécutée de façon à faire croire à la sincérité, et par conséquent au danger de l'attaque, afin que l'adversaire, croyant nécessaire de lui opposer une parade, se découvre et s'expose.

La *remise* est le coup qui, dans l'attaque, correspond au temps dans la parade.

Le *coup composé* est celui où le coup simple est précédé de feintes, de pressions, de battements, ou suivi du trompement de la parade qu'il a provoquée (une-deux, une-deux-trois, doublés...).

Des attaques excellentes consistent à tromper les engagements, les doubles engagements, les changements d'épée, les attaques à l'épée et à opposer aux préparations les feintes et les absences d'épée.

L'élève, pour attaquer, doit, sans élever ou abaisser le bras, le tendre par un unique et rapide mouvement comme un ressort, en dirigeant la pointe non plus vers les yeux, mais au corps, puis se développer d'un trait sur l'adversaire, le pied gauche immobile, le pied droit rasant le sol, la jambe gauche tendue. La jambe droite, lorsque le pied pose à terre, est pliée, le genou et le cou-de-pied dans une ligne perpendiculaire au sol. Le buste reste droit, les reins légèrement cambrés, la main gauche détachée de la cuisse, le pouce écarté des doigts légèrement entr'ouverts.

PARADES.

Les meilleures parades sont celles de seconde, de tierce, de quarte et de septime.

Elles sont simples quand elles suivent les mouvements de l'épée attaquant par des coups simples.

Les parades simples sont les plus rapides. Toutefois elles ont l'inconvénient de nécessiter que l'attaque soit devinée et très exactement jugée, et de ne plus garantir le corps si celle-ci comprend plus ou moins de mouvements que ceux auxquels on s'attend. Ainsi, les fleurets étant engagés en quarte, le maître attaque par une-deux; l'élève pare quarte, il a raison; mais, si l'élève, avec l'idée que le maître recommencera cette attaque, pare encore quarte le coup suivant, tandis que ce dernier lui fait un dégagé ou bien une-deux-trois, qu'il faudrait parer par tierce, il aura tort et sera atteint.

Pour éviter les erreurs perpétuelles de jugement, dont les conséquences seraient d'être inévitablement touché, les professeurs de l'Académie d'armes du siècle dernier ont imaginé les contres, parades circulaires qui enveloppent le fer adverse et dispensent de juger le coup à l'avance.

Lorsque le contre rencontre avec effort dans son trajet le fleuret, avant la finale du mouvement, il est dit de contraction; les assauts en présentent de fréquents exemples.

La parade de seconde est utile pour désarmer; celles d'octave et de sixte le sont pour prendre des temps. Les parades de quarte et de sixte, en pointe volante, sont avantageusement suivies de ripostes par coupés.

Les combinaisons des parades peuvent être variées indéfiniment. Ainsi, une parade seule, de quelque façon que soit placée la main, peut se former de quatre manières; deux parades, de seize; dix, d'un nombre qui dépasse un million de manières différentes.

Le coup d'arrêt et le temps sont aussi, à la rigueur, des parades, en ce sens qu'ils empêchent l'attaque d'aboutir.

RIPOSTES.

La *riposte* est la suite naturelle de la parade. C'est l'attaque succédant instantanément à l'attaque que l'on a fait échouer.

Un tireur qui parerait sans riposter donnerait à son adversaire un avantage qui rendrait celui-ci à la longue fatalement victorieux, car la préoccupation du danger de la riposte est la cause ordinaire de l'hésitation et de la mollesse dans les attaques.

Aussi, faut-il toujours faire la riposte, dût-on être certain qu'elle sera inefficace.

Les préférables sont celles de quarte, septime, tierce et seconde.

Elles se font : du tac au tac, par coup simple; ou, à temps perdus, par coups composés.

La *contre-riposte* est l'attaque qui suit la parade de la riposte.

La phrase d'armes est la succession, non interrompue, d'une série de coups portés, parés et rendus.

TEMPS.

Le *temps* est un mouvement unique, qui forme à la fois parade et riposte; c'est une parade et une riposte indivisées.

Il consiste à prévenir l'adversaire dans l'exécution finale de son attaque composée, en lui fermant la ligne où il veut frapper.

Il se prend en dehors, dans les quatre lignes : en opposition de sixte, sur tous les coups composés qui se terminent dans la ligne du dehors haut; en opposition d'octave, sur les coups tirés dans la ligne du dehors bas, dans celles du dedans haut et du dedans bas.

C'est seulement en entraînant l'adversaire, par des parades simulées, à faire telle attaque, ou, autrement dit, en l'amenant à tromper telle parade, qu'on doit prendre le temps, selon la détermination du coup. Sans cette préparation, sans ce piège, on tend le bras au hasard, on s'expose au coup double; et, touchât-on, on n'a pas pris le temps.

Le temps peut être employé contre toutes les attaques composées, hormis le coup de quarte, même précédé de feintes; le coup double serait inévitable.

LA LEÇON ET L'ASSAUT.

Il a été dit plus haut que la leçon enseignait, et que l'assaut permettait de mettre en pratique les différents mouvements de l'escrime : les engagements, les attaques, les parades, les ripostes et les temps.

L'enseignement se fait au plastron; l'élève est muni de sandales et de gants. Il est en outre, pour l'assaut, garanti par un masque en fil de fer et par une veste de peau.

Le *salut* est le prélude de l'assaut, comme il l'était, au siècle dernier, du duel.

L'instructeur doit s'attacher dans la leçon à varier les mouvements qu'il provoque chez l'élève de façon à ne pas le fatiguer outre mesure. Il doit les combiner de telle sorte que le bras, fatigué par les parades de pied ferme, se repose pendant que les jambes entreront en action par les attaques en se fendant, et réciproquement. Il doit exiger, pour chaque mouvement, le maximum de rapidité que l'élève peut fournir, en lui présentant ainsi dans la leçon l'image de l'assaut. La vitesse ne s'acquiert qu'à ce prix.

Le défaut habituel des tireurs est de se fendre trop tôt, avant que la main ait assuré sa direction définitive, d'où il résulte que le jarret n'est point tendu et que le coup, mal dirigé, passe fréquemment. L'instructeur y veillera.

Il accoutumera l'élève à ne point rompre. Cette façon trop commode d'éviter l'attaque, que la parade seule doit victorieusement combattre, est déplorable. Elle nuit à la sûreté, à l'autorité de la main, elle rend la riposte presque toujours sans danger. Elle ne répond pas, au point de vue moral, à l'idée que l'enfant doit se former de l'intrépidité du caractère, du mépris du danger, du courage froid et calme à lui opposer pour en triompher.

La leçon doit être interrompue par plusieurs suspensions de courte durée; les reprises doivent être extrêmement énergiques et, par conséquent, elles aussi, de courte durée.

1ʳᵉ LEÇON.

1ᵉʳ EXERCICE. *Première position. Manière de tenir le fleuret.* — Apprendre à l'élève la première position. Lui mettre ensuite le fleuret dans la main droite (ou gauche). Lui montrer la manière de se tenir en garde, le fleuret tenu comme il doit l'être.

2ᵉ EXERCICE. *De la garde.* — Placer l'élève dans la position de la garde, le coude, la main, les jambes bien à la place qu'ils doivent occuper.

3ᵉ EXERCICE. *Appels, marche, retraite.* — Faire exécuter les appels simples et doubles. Faire marcher, faire rompre.

4ᵉ EXERCICE. *Déploiement du bras.* — Faire exécuter le déploiement du bras.

Fente ou développement. — Faire exécuter le mécanisme du développement ou fente, ainsi que celui du relèvement ou remise en garde.

2ᵉ LEÇON.

5ᵉ EXERCICE. *Rotation de la main en supination et en pronation.* — Faire exécuter les différentes positions de la main, au moyen de la rotation des cercles en supination et en pronation, par les contres de tierce et de quarte.

Saluts, en quarte, tierce et octave. — Enseigner les saluts de quarte, de tierce, de sixte et d'octave.

6ᵉ EXERCICE. *Mises en garde de quarte et en garde de tierce.* — Faire exécuter ce qui est prescrit au 2ᵉ exercice. Positions de garde de quarte et de garde de tierce.

Mouvements combinés de la marche, de la retraite, du déploiement du bras, du développement et du relèvement.

7ᵉ EXERCICE. — Commander : Marchez, rompez; marchez, rompez rompez, marchez; rompez, marchez; marchez, rompez; rompez, marchez; rompez, marchez; marchez, rompez.

8ᵉ EXERCICE. — Déployez le bras; marchez, fendez-vous, en garde. (Faire exécuter jusqu'au bout de la piste ce même exercice.)

3ᵉ LEÇON.

9ᵉ EXERCICE. — Marchez, rompez, déployez le bras, fendez-vous, en garde.
Rompez, déployez le bras, marchez, fendez-vous, en garde.

10ᵉ EXERCICE. — Déployez le bras, marchez, fendez-vous, en garde, rompez.
Rompez, deux appels, déployez le bras, fendez-vous, en garde.

11ᵉ EXERCICE. — Déployez le bras, marchez, en garde, rompez, déployez le bras, fendez-vous, en garde.
Rompez, déployez le bras, marchez, en garde et rompez, déployez le bras, fendez-vous, en garde, rompez, deux appels.

4ᵉ LEÇON.

12ᵉ EXERCICE. *Des différentes lignes.* — Donner l'explication des différentes lignes du dedans et du dehors, du haut et du bas.

Démonstration des huit coups et des huit parades. — Définition et démonstration des huit positions que prend la main pour engager, attaquer ou parer : prime, seconde, tierce, quarte, quinte, sixte, septime et octave.

13ᵉ EXERCICE. — Démonstration et exécution des trois manières de détourner l'attaque du corps : parades simples, contres et temps.

Faire exécuter les parades de tierce et de quarte.

14ᵉ EXERCICE. *Opposition de quarte et de tierce.* — Faire fermer les lignes de quarte et de tierce par les oppositions de mêmes noms.

Enseigner et faire exécuter les engagements usuels de quarte et de tierce.

5ᵉ LEÇON.

Engagez
- quarte .... Tirez droit
- tierce .... Tirez droit
- quarte .... Dégagez
- tierce .... Dégagez
- quarte .... Une, deux
- tierce .... Une, deux
- quarte .... Doublez
- tierce .... Doublez
- quarte .... Tirez droit
- tierce .... Tirez droit

en garde.

Le professeur fera couvrir l'élève qui se relève, après chaque coup; il lui fera exécuter le coup droit de quarte et celui de sixte.

6ᵉ LEÇON.

Engagez
- quarte .... Dégagez, en garde.
- tierce .... Dégagez, en garde.
- quarte .... Une, deux, en garde.
- tierce .... Une, deux, en garde.
- quarte .... Trompez le contre de tierce.

Engagez
(*Suite.*)
{
tierce......... Trompez le contre de quarte.
quarte........ Trompez le contre de tierce et dégagez.
tierce......... Trompez le contre de quarte et dégagez.
quarte........ Tirez droit.
tierce......... Tirez droit, en garde, deux appels.
}

Le professeur fera relever chaque fois l'élève en prenant le contre opposé à la parade finale qu'il aura exécutée lui-même, et reprendra par le coup droit de quarte et de tierce.

7ᵉ LEÇON.

Engagez
l'épée en
{
quarte : sur ma pression, une, deux, trois.
tierce : sur ma pression, une, deux, trois.
quarte : sur ma pression, une, deux, trompez le contre de tierce.
tierce : sur ma pression, une, deux, trompez le contre de quarte.
quarte : sur ma pression, doublez et dégagez.
tierce : sur ma pression, doublez et dégagez.
quarte : tirez droit.
tierce : tirez droit.
}

A cette leçon, le professeur fera répéter deux fois le même coup. Il se laissera toucher au premier, et parera alternativement par le simple ou par le contre au second, en faisant prendre chaque fois, en se relevant, le contre opposé au choc de la parade subie; il fera riposter soit de pied ferme, soit en se fendant sur la retraite, par le coup droit après le simple ou par le dégagé après le contre.

8ᵉ LEÇON.

Engagez l'épée de quarte : sur ma pression, doublez le dégagement (se laisser toucher).

Engagez l'épée de quarte : sur ma pression, doublez le dégagement. Le professeur prend le contre, pare tierce et riposte sixte; l'élève pare tierce et contre-riposte en seconde; le professeur fait une feinte en tierce, l'élève pare tierce et riposte du tac au tac en sixte.

Engagez l'épée de quarte : sur ma pression, doublez le dégagement. Le professeur prend le contre de quarte, oppose tierce et riposte tierce, la main haute, en forçant sur l'épée; l'élève cède à l'impulsion en se relevant, la main en pronation, et contre-riposte prime; le professeur tend le fer en tierce, l'élève pare tierce et tire droit en sixte.

14

Engagez l'épée de quarte : sur ma pression, doublez le dégagement. Le professeur prend le contre de quarte et forme la prime haute, l'élève tourne rapidement la main et fait une remise en seconde; le professeur tend le fer en tierce, l'élève pare tierce et riposte du tac au tac en sixte.

Engagez l'épée de quarte : sur ma pression, doublez le dégagement. Le professeur prend le contre de quarte, oppose tierce et riposte seconde; l'élève se relève en parant seconde et contre-riposte par le dégagement en sixte; le professeur tend l'épée de tierce, l'élève pare tierce et riposte du tac au tac.

Engagez l'épée de tierce : sur ma pression, doublez le dégagement (se laisser toucher).

Engagez l'épée de tierce : sur ma pression, doublez le dégagement. Le professeur prend le contre de tierce, pare quarte et riposte du tac au tac, l'élève pare quarte en se relevant et contre-riposte quarte; le professeur tend le fer en quarte, l'élève pare quarte et riposte quarte.

Engagez l'épée en tierce : sur ma pression, doublez le dégagement. Le professeur prend le double contre de tierce, fait couvrir l'élève et lui fait prendre le double contre de tierce et contre-riposte sixte; le professeur tend le fer en tierce, l'élève pare tierce et riposte en sixte.

Engagez l'épée en {
quarte : sur ma pression, doublez et dégagez.
tierce : sur ma pression, doublez et dégagez.
quarte : tirez droit.
tierce : tirez droit, deux appels, etc.
}

9ᵉ LEÇON.

Engagez l'épée en {
quarte : tirez droit.
tierce : tirez droit.
quarte : sur ma pression, coupez.
tierce : sur ma pression, coupez.
quarte : menacez droit, coupez.
tierce : menacez droit, coupez.
quarte : sur ma pression, coupez, dégagez.
tierce : sur ma pression, coupez, dégagez.
quarte : dégagez, coupez.
tierce : dégagez, coupez.
quarte : coupez, coupez.
tierce : coupez, coupez.
quarte : tirez droit.
tierce : tirez droit.
}

Engagez l'épée en

quarte : sur le changement de ligne, tirez droit (sixte).

tierce : sur le changement de ligne, tirez droit (quarte)

quarte : sur le changement d'engagement, dégagez en quarte.

tierce : sur le changement d'engagement, dégagez en sixte.

quarte : sur le changement d'engagement, une, deux.

tierce : sur le changement d'engagement, une, deux.

quarte : sur le changement d'engagement, une, deux, trois.

tierce : sur le changement d'engagement, une, deux, trois.

quarte : sur le changement d'engagement, une, deux, trompez le contre de quarte.

tierce : sur le changement d'engagement, une, deux, trompez le contre de tierce.

quarte : tirez droit.

tierce : tirez droit.

Deux appels, etc.

Engagez l'épée en

quarte : sur ma pression, une, deux, trois.

tierce : sur ma pression, une, deux, trois.

quarte : sur ma pression, une, deux, trois, trompez le contre.

tierce : sur ma pression, une, deux, trois, trompez le contre.

quarte : sur ma pression, une, deux, trois, trompez le contre et dégagez.

tierce : sur ma pression, une, deux, trois, trompez le contre et dégagez.

quarte : sur ma pression, une, deux, trompez le contre.

tierce : sur ma pression, une, deux, trompez le contre.

quarte : sur ma pression, une, deux, trompez le contre et dégagez.

tierce : sur ma pression, une, deux, trompez le contre et dégagez.

quarte, sur ma pression, une, deux, trompez le contre et doublez.

Engagez
l'épée
en
(*Suite.*)

tierce : sur ma pression, une, deux, trompez le contre et doublez.

quarte : sur ma pression, doublez, dégagez.

tierce : sur ma pression, doublez, dégagez.

quarte : sur ma pression, doublez, une, deux.

tierce : sur ma pression, doublez, une, deux.

quarte : sur ma pression, doublez dessus, doublez dedans.

tierce : sur ma pression, doublez dedans, doublez dessus.

quarte : sur ma pression, doublez dessus, doublez dedans et dégagez.

tierce : sur ma pression, doublez dedans, doublez dessus et dégagez.

quarte : tirez droit.

tierce : tirez droit.

Deux appels, etc.

12ᵉ LEÇON.

Engagez
l'épée en

quarte : feinte de dégagé, coupez et dégagez.

tierce : feinte de dégagé, coupez et dégagez.

quarte : coupez, dégagez, coupez.

tierce : coupez, dégagez, coupez.

quarte : une, deux, coupez.

tierce : une, deux, coupez.

quarte : coupez, une, deux.

tierce : coupez, une, deux.

quarte : coupez, coupez, dégagez.

tierce : coupez, coupez, dégagez.

quarte : dégagez, coupez, coupez.

tierce : dégagez, coupez, coupez.

quarte : tirez droit.

tierce : tirez droit.

Deux appels, etc.

13ᵉ LEÇON.

Engagez quarte : sur le dégagé

opposez tierce, ripostez en dégageant.

contre de quarte, ripostez droit.

Engagez tierce : sur le dégagé

opposez quarte, ripostez droit.

contre de tierce, ripostez droit.

Engagez quarte :
sur le dégagé { opposez tierce, ripostez droit.
{ contre de quarte, ripostez droit.

Engagez sixte :
sur le dégagé { opposez quarte, ripostez droit.
{ contre de tierce, ripostez droit.

Engagez quarte :
sur septime { parez septime, ripostez droit en septime.

Engagez sixte :
sur seconde { opposez seconde, ripostez droit en seconde.

Engagez quarte, tirez droit.
Engagez tierce, tirez droit.

Deux appels, en garde.

14ᵉ LEÇON.

Engagez quarte :
sur le dégagé
opposez tierce,
ripostez

{
droit en...................... sixte.
en dégageant en.............. quarte.
en dégageant en.............. octave.
en dégageant la main tournée en... seconde.
en coupant.
en coupant par pointe volante.
par une deux (feinte de quarte) en sixte.
par une deux (feinte d'octave) en.. sixte.
par le doublé en.............. quarte.
par le menacé droit et coupé de.... quarte.
par le menacé coupé et coupé dégagé en.................... octave.
par dégagé coupé en........... sixte.
par coupé et................. quarte.
par coupé dégagé en........... sixte.
par coupé dégagé en pointe volante.
par coupé dégagé en pointe volante
terminé en sixte ou en........ septime.
par coupé, battement de quarte et
dégagé en.................. tierce.
par coupé, battement de quarte et
coupé en................... tierce.
par coupé, battement de quarte et
coupé dégagé en............ octave.
par liement (sur le gaucher) en.... septime.
par liement en septime et dégagé en. sixte.
par feinte dégagé, croisé de seconde
en flanconnade.

15ᵉ LEÇON.

droit.

droit (contre le gaucher) en....... quinte.

en dégageant en............... sixte.

en coupant en............... sixte.

en dégageant en............... septime.

par une, deux (feinte de sixte), et
   tirez............... quarte.

par une, deux (feinte de septime),
   et tirez............... quarte.

par le doublé en............. tierce.

par feinte de dégagement, trompez
   le contre en............... septime.

par menacé droit, coupé en...... sixte.

par menacé droit, coupé dégagé en. octave.

par menacé droit, coupez, coupez
   en............... quarte.

par menacé droit, coupez, renver-
   sez, la main haute, en....... tierce.

par dégagé coupé en............. quarte.

Engagez tierce :
sur le dégagé
opposez quarte,
ripostez

par coupé (sur la pression) dégagé
   en............... quarte.

par coupé, dégagé (en pointe volante) en............... octave

par coupé, coupé (sur la pression)
   en............... quarte.

par coupé, opposez tierce et...... sixte.

par coupé, opposez sixte et dégagé
   en............... octave.

par coupé, opposez tierce et dégagé
   en............... seconde.

par coupé, battement de tierce, coup
   droit en............... sixte.

par coupé renversé, la main en seconde et coupé de revers en.... quarte.

par liement en............... seconde.

par feinte de liement en octave et dégagé en............... sixte.

par croisé en flanconnade.

par feinte du croisé de flanconnade et
   dégagé en............... sixte.

Engagez quarte, tirez droit, etc.

Engagez tierce, tirez droit, etc.

Observations. — Lorsque l'élève exécutera avec un peu d'aisance les différentes ripostes, précédées des oppositions, on les lui fera répéter, précédées par des contres de quarte et de tierce.

16ᵉ LEÇON.

Engagez tierce :
sur le dégagé en septime
{
parez septime et ripostez . . . . septime.
opposez septime et liez l'épée en . . . sixte.
opposez septime, feinte de liement,
  dégagez en . . . . octave.
}

Engagez tierce :
sur le dégagé en octave
{
opposez octave et ripostez. . . . . octave.
opposez seconde et dégagez en . . . . sixte.
prenez le temps d'octave.
}

Engagez tierce :
sur le dégagé en seconde
{
opposez seconde, ripostez. . . . . seconde.
parez seconde et dégagez en . . . . . . sixte.
prenez le temps d'octave.
}

Engagez l'épée de quarte, tirez droit.

Engagez l'épée de tierce, tirez droit.

Deux appels, etc.

17ᵉ LEÇON.

Engagez quarte :
sur une-deux en quarte
opposez
{
tierce et quarte.
tierce et contre de tierce.
tierce et prime.
} ripostez à volonté.

Engagez tierce :
sur une-deux opposez
{
prime.
quarte et tierce.
quarte et contre de quarte.
} ripostez à volonté.

Engagez quarte, tirez droit.

Engagez tierce, tirez droit.

Engagez quarte :
sur
le double dégagement
{
temps de sixte.
contre de quarte et tierce.
contre de quarte et prime.
double contre de quarte.
contre de quarte et septime.
contre de quarte, septime, liez l'épée.
temps d'octave.
}

Engagez tierce :
sur
le double dégagement
{
contre de tierce et quarte.
contre de tierce et seconde.
double contre de tierce.
}

Engagez l'épée en
{
quarte : tirez droit.
tierce : tirez droit.
}

Deux appels, en garde.

18ᵉ LEÇON.

Engagez
{
quarte : parez tierce, contre de tierce, quarte,
tirez droit.

tierce : parez quarte, contre de quarte, tierce,
tirez sixte.

quarte : parez septime, contre de septime, seconde, tirez droit.

tierce : parez seconde, contre de seconde,
septime, tirez droit.

quarte : parez tierce, contre de tierce, quarte,
contre de quarte, tierce, tirez sixte.

tierce : parez quarte, contre de quarte, tierce,
contre de tierce, quarte, tirez droit.

quarte : parez septime, contre de septime, seconde, contre de seconde, tirez sixte.

tierce : parez seconde, contre de seconde, septime, contre de septime, seconde, tirez
octave.
}

Changez l'épée en
{
quarte : rompez; sur ma marche, tirez droit.

sixte : rompez; sur ma marche, tirez droit.

quarte : rompez, sur ma pression en marchant, dégagez sixte.

tierce : rompez, sur ma pression en marchant,
dégagez quarte.
}

Engagez l'épée en

> quarte, sur mon dégagement: opposez tierce, ripostez en dégageant, parez tierce, ripostez sixte.
>
> quarte, sur mon dégagement: contre de quarte, ripostez droit, parez, sur ma retraite, dégagez, en garde.
>
> tierce, sur mon dégagement: contre de tierce, ripostez, en garde, sur ma retraite, dégagez, en garde.

Engagez

> quarte: une, deux, en marchant, feinte de dégagé, trompez sixte, fendez-vous, en garde.
>
> tierce: une, deux en marchant; feinte de dégagé, trompez quarte, fendez-vous, en garde.
>
> quarte: doublez en marchant, feinte de dégagement, trompez le contre de tierce, fendez-vous, en garde.
>
> tierce: doublez en marchant, feinte de dégagement, marchez, trompez le contre de quarte, fendez-vous, en garde.

Changez d'engagement sur ma marche, tirez, une, deux, en garde.

19ᵉ LEÇON.

Engagez { tierce / quarte }

> pressez, en tâtant l'épée, marchez, tirez droit, en garde.
>
> pressez, marchez, sur ma pression, dégagez, je pare et riposte, parez et contre-ripostez, en garde.
>
> pressez, marchez, cédez à ma pression, dégagez, je pare quarte (ou tierce) et riposte, parez quarte (ou tierce), et contre-ripostez par coupé ou par dégagé.

Changez d'engagement en tierce, puis en quarte: pressez, marchez, sur mon attaque, trompez le contre, opposez quarte, contre de quarte, ou tierce, contre de tierce et ripostez.

Engagez l'épée en quarte, puis en tierce, sur mon attaque, croisez seconde, je romps, en garde, dégagez en marchant, parez, ripostez.

Engagez

quarte : menacez du coup droit, je croise seconde, tournez la main et cédez, la main
en seconde, ripostez seconde, parez tierce
et tirez sixte.

quarte : sur une-deux, parez prime, ripostez
prime, parez tierce, tirez droit, en garde.

tierce : je dégage, parez prime, ripostez par le
coupé de revers, parez tierce, tirez droit, en
garde.

tierce : je double le dégagement, parez prime,
ripostez seconde, parez quarte, ripostez,
en garde.

20ᵉ LEÇON.

1. Parade de *Prime*, précédant la contre-riposte de prime,
sur la riposte en quarte dont l'adversaire a fait suivre sa parade.

2. Parade de *Seconde*, sur attaque de seconde après feinte de
coup droit, les fers ayant été engagés en tierce.

3. Parade de *Tierce*, sur dégagé de quarte en tierce.

4. Parade de pied ferme, par le contre de *Quarte*, d'une attaque terminée en tierce, les fers ayant été engagés en quarte.

5. Coupé touchant en *Quarte*, après feinte de dégagé, sur parade tardive de contre de quarte.

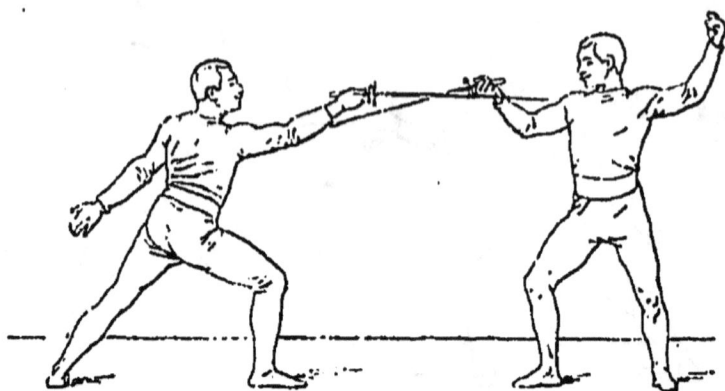

6. Parade de *Septime*, sur attaque se terminant en quarte.

7. Riposte du tac au tac en *Septime*, sur attaque de septime.

8. Temps pris en *Octave*, sur attaque d'une-deux, les fers ayant été engagés en quarte.

NOTA. — *Lire :* pour le Salut, *Le Salut*, par l'Académie d'armes; pour les Temps, *Les Temps en escrime*, par Féry d'Esclands.

CHAPITRE XII.

DES PROMENADES ET DES EXCURSIONS SCOLAIRES.

La journée du jeudi semble pouvoir être employée pour l'exécution de marches-promenades, pendant lesquelles on donnera aux élèves des notions élémentaires de topographie, d'orientation et d'appréciation des distances.

Ces marches pourront être exécutées vers la fin de la deuxième et pendant la troisième période scolaire. Elles comporteront, progressivement, un trajet de 8 à 16 kilomètres. En général, l'heure de départ doit être fixée de manière que la plus grande partie de la marche soit faite avant la grande chaleur.

Suivant la nature et la largeur des chemins, les groupes scolaires marchent en colonnes de route, par escouades, ou par le flanc sur quatre rangs, ou enfin, dans certains cas, des deux côtés de la route, en laissant le milieu de la chaussée libre.

La vitesse de la marche doit être généralement uniforme; les arrêts et les brusques variations de vitesse doivent être évités.

On commence toujours la route d'un pas modéré; on accélère progressivement la vitesse lorsque l'ordre de marche est bien établi et que l'élève est en haleine. La tête de la colonne doit marcher à un pas aussi bien réglé que possible. La vitesse de la marche se ralentissant naturellement dans les montées, la tête de la colonne ne reprend l'allure ordinaire que lorsque la queue de la colonne est arrivée au sommet de la côte.

L'ordre et la discipline étant des éléments essentiels de la régularité de la marche, l'instructeur et les gradés conservent rigoureusement leurs places respectives; dans le cas où l'on marche des deux côtés de la route, l'instructeur se tient entre les deux rangs doublés, et les chefs de section à la queue de leur section, du côté du premier rang doublé; ils veillent à ce que les élèves marchent régulièrement et à leur distance. Il est défendu de s'arrêter individuellement aux ruisseaux, puits ou fontaines, de quitter les rangs dans la traversée des villages.

Lorsqu'un élève a un besoin absolu de s'arrêter, il en demande la permission à l'instructeur ou au chef de section ou d'escouade.

Les exercices en ordre dispersé sont conduits de façon à développer l'initiative individuelle, tout en la maintenant dans des limites telles que la cohésion ne soit pas compromise.

La fréquence des haltes et leur durée sont déterminées d'après la distance à parcourir.

Une première halte doit être faite environ trois quarts d'heure après le départ. Les petites haltes sont faites généralement d'heure en heure, en dehors des villages; elles durent dix minutes; elles ont lieu de préférence près des endroits abrités du soleil, du vent, de la poussière. Au commandement de *Halte*, la troupe s'arrête, serre les rangs, et les élèves peuvent ensuite se reposer.

Au cours de la marche, on habitue les élèves à se rendre compte des formes du terrain, on leur en fait connaître le nom, et on leur apprend à s'orienter et à se diriger en toute espèce de pays.

A cet effet, l'instructeur conduit sa troupe sur un point assez élevé pour dominer les environs, et il signale aux élèves les objets qui se trouvent à la surface du sol, ainsi que les divers accidents du terrain, et il leur en fait connaître la dénomination ordinaire, ainsi que celle qu'on leur donne habituellement dans le langage militaire :

Terrains. — Pays couvert, découvert, uni, accidenté, plaine, hauteurs, vallées, ravins, bas-fonds, cultures, etc.;

Eaux. — Fleuves, rivières, rive droite, rive gauche, canaux, fossés d'irrigation, courants, bords, mares, étangs, sources, fontaines, ponts, gués, moulins, etc.;

Routes. — Chemins, sentiers, nature des routes (ferrées, en déblai, en remblai, de niveau); voies ferrées, tunnels, viaducs, talus, largeur, pente, bordures, fils télégraphiques, stations, gares, etc.;

Bois. — Forêts, bois, bosquets, taillis, broussailles, vergers, rangées d'arbres, etc.;

Lieux habités. — Villes, villages, hameaux, fermes, châteaux, murs, haies, jardins, etc.;

Objets saillants. — Clochers, tours, châteaux, moulins à vent, arbres isolés, cultures diverses.

L'instructeur donne ensuite aux élèves quelques notions sur la manière de s'orienter de jour et de nuit dans un pays inconnu : détermination des points cardinaux au moyen du lever et du coucher du soleil, de la longueur de l'ombre et de la position du soleil aux différentes heures de la journée; recherche du nord au moyen de l'étoile polaire; quartiers de lune et leur position aux différentes heures de la nuit; observations sur l'écorce des arbres, sur les surfaces battues le plus ordinairement par la pluie et le vent, sur la mousse, sur le côté où les fourmilières s'abritent du mauvais temps.

L'instructeur apprend aux élèves la manière de se porter sûrement et rapidement dans une direction donnée, sur un point indiqué par un objet saillant, soit en suivant le chemin le plus court ou des chemins de traverse désignés, soit en passant par des points de repère marqués dans la campagne.

L'instructeur, avant de faire apprécier les distances à la vue par les élèves, commence par leur apprendre à la mesurer au pas.

L'étalonnage du pas fait connaître à chaque élève le nombre de pas qu'il doit faire pour mesurer 100 mètres.

À cet effet, on marque une longueur de 100 mètres ainsi que les divisions de 10 en 10 mètres, ou tout au moins l'une extrême de ces divisions. Les élèves parcourent à tour de rôle le terrain mesuré, deux, trois ou quatre fois, en comptant le nombre de pas faits dans la longueur de 100 mètres. On établit la moyenne pour chacun d'eux et l'on en déduit le nombre de pas qu'il doit faire pour mesurer 100 mètres et 10 mètres. L'exactitude de l'opération est vérifiée sur le terrain même.

On procède ensuite à l'évaluation d'une distance mesurée à la chaîne, en la parcourant au pas.

Lorsque chaque élève a compté le nombre de pas qui, pour lui, représente 100 mètres, il lève un doigt et recommence ainsi la numération jusqu'à ce qu'il soit arrivé au but.

Une distance est considérée comme ayant été bien mesurée lorsque l'erreur commise n'est pas supérieure à 2 mètres pour 100 mètres.

La mesure des distances au pas ne donne des résultats exacts que sur des terrains plats ou faiblement ondulés. Elle est suivie des exercices d'appréciation à la vue.

L'appréciation à la vue est basée sur le degré de visibilité du but, sur sa hauteur apparente, lorsqu'on connaît ses dimensions, ou sur la comparaison de son éloignement avec une distance connue que l'élève a devant les yeux ou qu'il a pu, par de nombreux exercices, se graver dans la mémoire. Ces divers procédés sont employés simultanément et ont lieu par tous les temps et dans toutes les saisons.

L'instructeur fait remarquer aux élèves comment l'apparence des objets se modifie d'après la couleur du fond sur lequel ils se détachent, suivant qu'ils sont bien éclairés ou dans l'ombre, qu'ils sont sur un terrain uni ou sur un terrain accidenté.

Cette instruction est donnée conformément aux indications suivantes :

L'instructeur fait porter en avant quatre élèves, qui se placent deux par deux à 200 et à 400 mètres en lui faisant face. Ces distances sont mesurées au pas. Un des élèves reste debout et immobile, l'autre se tient à cinq ou six pas sur le flanc du premier et fait différents mouvements.

L'instructeur fait remarquer que les différentes parties du corps et de l'habillement se distinguent moins nettement à 400 mètres qu'à 200 mètres. Il explique que c'est par les différences observées qu'on peut acquérir une certaine notion des distances. Il recommande de ne pas faire d'observations trop minutieuses, d'examiner de préférence les parties supérieures du corps, les parties inférieures étant souvent masquées. Ces observations sont tout à fait personnelles et varient avec la vue de chacun. L'instructeur fait remarquer aux élèves que la hauteur apparente des hommes et des objets diminue à mesure que leur éloignement augmente.

En résumé, au cours des marches promenades, l'instructeur s'efforce de donner aux élèves, par la variété des exercices, le goût des marches d'entraînement, qui préparent le citoyen aux rudes fatigues de la guerre.

La gymnastique militaire apprend à l'homme à subordonner à la volonté d'un autre la force acquise par un grand nombre, au moyen d'exercices dirigés dans le but de l'attaque et de la défense. Elle cherche à établir l'unité entre le corps et l'arme, dans leurs rapports avec le corps et l'arme de l'adversaire. Dans ses principes élémentaires, elle se confond avec la gymnastique pédagogique, mais elle s'en sépare par suite des nombreuses applications des exercices appropriés au combat.

Mais, au point de vue de l'éducation de la jeunesse, il faut se garder de confondre ces deux gymnastiques, et de se laisser entraîner par patriotisme à trop mélanger ces deux branches dans l'éducation primaire.

Vouloir faire des soldats avec des enfants de sept à quatorze ans, c'est préparer des illusions dangereuses dans l'esprit du public, qui croira, à tort, que l'on aura préparé pour l'avenir des armées nationales.

L'apprentissage militaire est une chose excellente en elle-même lorsqu'il se borne aux mouvements de l'école du soldat sans arme. Cette partie de l'instruction est essentiellement d'ordre, c'est-à-dire de discipline, et il est salutaire d'y habituer l'enfance.

Il ne faut pas oublier que cette préparation à la vie militaire n'a rien de commun avec la vie du soldat; que son but véritable, but éminemment utile, consiste à faciliter aux jeunes conscrits les arides débuts des premiers exercices de la caserne, et à les préparer à la solidité, à l'endurance, à l'énergie qui forment le fonds précieux des grandes qualités du soldat.

C'est dans cet ordre d'idées que l'école du soldat présente,

15

tant dans l'ordre serré que dans l'ordre dispersé, une application de la marche et de la course, et qu'elle doit être l'éducation physique de la majorité des enfants en France.

Cette instruction militaire a donc une importance capitale, parce qu'elle touche à la vie même de la nation, et les instituteurs s'inspireront du rôle considérable qui leur est dévolu, pour y apporter le soin, l'intelligence, le dévouement et le zèle qu'ils puiseront dans leurs sentiments patriotiques.

LIVRE II.

JEUX SCOLAIRES.

LIVRE II.

JEUX SCOLAIRES.

Les jeux représentent une forme de la gymnastique qui répond à deux exigences hygiéniques également urgentes chez l'écolier, savoir : le besoin d'exercice et le besoin de plaisir.

Dans tous les jeux se retrouvent ces deux éléments, récréation et exercice, mais combinés dans des proportions très diverses. Certains jeux sont surtout amusants et n'exigent pas une notable dépense de force; on peut, pour cette raison, les appeler plus spécialement des *jeux récréatifs*. Certains autres jeux, tout en restant plus ou moins récréatifs, nécessitent des efforts musculaires d'une intensité suffisante pour qu'on puisse les assimiler, au point de vue de la dépense de force, aux autres exercices du gymnase; ils méritent ainsi le nom de *jeux gymnastiques*.

Outre cette classification, basée sur le caractère même du jeu, il en est une autre plus artificielle, qui s'appuie sur leur mode d'application; certains jeux exigent un vaste espace, et ne peuvent s'exécuter ni dans un local couvert, ni dans une enceinte de moyenne étendue, telle qu'une cour de récréation; ils ne peuvent être pratiqués qu'en plein air, et le nom de *jeux de plein air* qui leur est généralement donné leur convient pour cette raison. Pour certains autres jeux, un espace moindre est suffisant et leur exécution est possible soit dans une cour, soit dans une salle couverte; il convient de les grouper sous la désignation de *jeux d'intérieur*, parce qu'on peut les exécuter sans sortir de l'école.

Enfin, il faut tenir compte aussi, pour classer les jeux, du sexe des enfants, et distinguer les jeux des garçons des jeux des filles. Les jeux des filles auront naturellement pour caractère de demander des efforts musculaires moins violents, et d'être mieux adaptés, dans leur forme, aux habitudes féminines et à certaines convenances sociales.

Ces classifications n'ont rien d'absolu. Beaucoup d'exercices ont un caractère mixte, et peuvent se ranger tantôt dans une catégorie, tantôt dans une autre, suivant la force, l'âge ou le degré d'entraînement des joueurs. Tel jeu qui serait simplement récréatif pour les grands jeunes gens représentera peut-être une somme de mouvement musculaire suffisante pour être classé parmi les jeux gymnastiques, quand il s'agira de très jeunes enfants ou de jeunes filles. Il pourra se faire aussi, qu'à l'aide de quelques modifications peu importantes, un jeu de plein air s'adapte sans trop de difficulté à l'emplacement d'une cour un peu grande, et devienne ainsi accidentellement un jeu d'intérieur.

Toutes ces réserves étant faites, les tableaux ci-dessous seront suffisants pour guider le choix du maître suivant les indications auxquelles il s'agira de satisfaire.

Les jeux, quoique plus faciles, en général, que les autres exercices de gymnastique, exigent un apprentissage méthodique, sans lequel ils ne pourront avoir toute leur efficacité, aussi bien au point de vue hygiénique, qu'au point de vue éducatif.

Il faut qu'un maître les enseigne, les dirige et les surveille, au même titre que les autres exercices *d'ensemble;* avec cette différence, toutefois, que, dans les exercices d'ensemble, tous les mouvements s'exécutent au commandement, tandis que, dans les jeux, l'écolier conserve une certaine part d'initiative individuelle et de responsabilité, dont la sanction sera le gain ou la perte de la partie.

Dans les grands jeux, le maître prendra le rôle d'arbitre, qui lui permettra, tout en réglant les contestations entre joueurs, de signaler à chacun, après la partie, les fautes commises.

JEUX RÉCRÉATIFS.

Ces jeux peuvent tous se pratiquer soit dans une cour, soit même dans une salle couverte aussi bien, du reste, qu'au grand air [1].

Pour les garçons.	*Pour les filles.*
Cache-tampon.	Pigeon-vole.
Les osselets.	Les osselets.
Les billes.	Le furet.
La main chaude.	Cache-tampon.
La toupie.	La main-chaude.
Le bilboquet.	Colin-maillard.
Le palet.	Le bilboquet.
Les quilles.	
La balançoire.	
Colin-maillard.	
Le chat-perché.	
Le bâtonnet ou ténet.	

Il existe une multitude d'autres jeux récréatifs qu'il serait trop long d'énumérer, et parmi lesquels le maître pourra faire choix, en recherchant de préférence ceux qui sont dans les coutumes locales du pays où est située son école; on évitera ainsi de laisser perdre beaucoup de jeux nationaux dont la disparition serait très regrettable.

Ces jeux exigent tous une certaine dépense de force; mais il existe de très grandes différences entre eux, au point de vue de la plus ou moins grande somme d'énergie musculaire qu'il faut déployer pour les mettre en pratique. Aussi ne doit-on pas les appliquer indifféremment à tous les enfants. Les grands écoliers pourront s'exercer à tous les jeux; pour les petits il faudra tenir compte des divisions ci-dessous indiquées.

---

[1] Ces jeux sont énumérés par ordre, en tenant compte du plus ou moins de dépense de force qu'ils nécessitent; de telle sorte que les premiers sont purement récréatifs, tandis que ceux qui terminent la série se rapprochent des jeux gymnastiques. Le choix du maître se guidera d'après cette indication selon l'âge et la force des enfants qu'il dirige.

II

JEUX GYMNASTIQUES.

1° JEUX D'INTÉRIEUR.

Pour les garçons.

1° AU-DESSOUS DE 7 ANS.

Les rondes.
Le sabot.
Le cerceau.
La poursuite.
Le saut à la corde.
Les quatre coins.

2° DE 7 À 11 ANS.

La poursuite traversée.
Les barres.
Le cochonnet.
Pigeon-vole modifié.
Les jeux du jongleur.
La course au fardeau.
Les échasses.
Les prisonniers.
Chat et souris.
Le loup ou la queue leu leu.
La mère Garuche.
L'épervier ou la passe.
La balle en posture.
La balle au pot.

3° DE 11 À 13 ANS.

La balle cavalière.
Le gouret ou la truie.
La crosse au but.
La balle au mur.
Le javelot.
Le tir à l'arc.

Pour les filles.

1° AU-DESSOUS DE 7 ANS.

Les rondes.
Le sabot.
Le cerceau.
La poursuite.
Le saut à la corde.
Les quatre coins.

2° DE 7 À 11 ANS.

La poursuite traversée.
Les barres.
Pigeon-vole modifié.
La marelle.
Le jeu de volant.
Les grâces.
Les jeux du jongleur.
Chat et souris.
Le loup ou la queue leu leu.
La mère Garuche.
L'épervier ou la passe.
La balle en posture.
La balle au pot.

3° DE 11 À 13 ANS.

La balle au mur.
La course au fardeau.
Le crocket.
Le javelot.
Le tir à l'arc.

La plupart de ces jeux sont populaires en France, et trop connus pour qu'il soit nécessaire d'en donner une description détaillée. Quelques-uns sont tombés en désuétude, ou bien sont particuliers à certaines régions, et ont besoin qu'on en rappelle les règles ou qu'on les fasse connaître dans les départements où ils n'ont pas coutume d'être pratiqués.

Voici la description des principaux de ces jeux :

LE COCHONNET.

Le cochonnet ou la petite boule ne ressemble au jeu de boule proprement dit que par les règles à observer et le but à atteindre. On se sert non pas de boules aplaties sous forme de disque, mais de pierres sphériques de différentes grosseurs.

Tous les terrains conviennent, alors même qu'ils sont légèrement accidentés, pourvu que l'espace soit suffisant.

Les élèves ont chacun deux ou trois boules (simples pierres plus ou moins arrondies ou cailloux roulés); ils sont divisés en deux camps. Après le tirage au sort, par lequel est désigné le camp qui commence, le premier joueur, qui a reçu une boule plus petite que les autres, la roule à une certaine distance; c'est cette boule qui sert de but et s'appelle « cochonnet ».

Le premier joueur de la partie adverse lance à son tour une boule, puis une seconde et une troisième, s'il n'est pas parvenu à atteindre le but; s'il y parvient avant de les avoir employées toutes, il réserve les autres pour le moment où son tour de jouer reviendra.

Les élèves jouent à tour de rôle et alternativement un de chaque camp; ils cherchent à placer leurs boules le plus près possible du but, ou à chasser les boules qui gêneraient les joueurs de leur camp.

Lorsque toutes les boules ont été jouées, les points sont comptés au camp qui a placé le plus de boules près du but. Si, par exemple, l'un des partis adverses a mis deux boules près de ce but, mais qu'entre la seconde et la troisième l'autre parti en ait placé trois, c'est celui-ci qui compte les trois points.

PIGEON-VOLE MODIFIÉ.

Seize ou vingt enfants se forment en cercle. Un chef se place au centre et prend le commandement.

Il lève les bras en disant : *Pigeon-vole*, et saute en l'air. Tous les autres doivent l'imiter chaque fois qu'il nomme un animal pourvu d'ailes, et rester en place s'il nomme un animal qui ne vole pas ou bien un objet inanimé.

L'esprit du jeu est absolument le même que dans le *pigeon-vole* ordinaire, avec cette différence qu'au lieu de lever le doigt au nom d'un animal qui vole, les joueurs font un bond sur place. En outre, pour ceux qui ont sauté mal à propos, la punition consiste, pendant toute la durée de la partie, à fléchir sur les jarrets et à se baisser jusqu'à terre chaque fois qu'on nommera un animal pourvu d'ailes, et à *voler*, c'est à dire à sauter en l'air quand on nommera un objet inanimé ou un animal qui ne vole pas.

De là résultent une série de mouvements énergiques de flexions et d'extension des jambes qui font de pigeon-vole modifié un excellent exercice, en même temps qu'un jeu très amusant.

LES JEUX DU JONGLEUR.

Ces jeux ont pour but de développer l'adresse de l'enfant en donnant à la fois de la précision à son coup d'œil, et de l'aisance à ses mouvements.

Ils consistent : 1° à rattraper successivement sans leur laisser toucher terre plusieurs objets lancés en l'air à de très courts intervalles; 2° à tenir verticalement en équilibre sur diverses parties du corps, la main, le bras, le front, etc., un objet de forme allongée tel qu'un bâton.

L'effet hygiénique de ces jeux est d'obliger le corps de l'enfant à passer rapidement par une série d'attitudes variées pour s'accommoder aux déplacements de l'objet avec lequel il jongle. De là, pour les articulations de la colonne vertébrale une gymnastique d'assouplissement, et, pour les muscles qui meuvent les vertèbres, un travail de coordination très favorable à la régularité de la taille.

LA COURSE AU FARDEAU.

Ce jeu comme les précédents a pour but d'enseigner à l'enfant à bien coordonner les mouvements des diverses pièces osseuses qui composent la colonne vertébrale.

Il consiste à placer sur la tête un objet léger, tel qu'un sachet rempli de sable pesant de 1 à 2 kilogrammes, et à courir aussi vite que possible sans le déplacer. Avant d'arriver à courir à toute vitesse en conservant son léger fardeau, il va de soi que l'enfant devra s'exercer souvent à garder en marchant une tenue telle que ce fardeau demeure parfaitement d'aplomb. Pour obtenir ce résultat, il devra s'habituer à donner à la colonne vertébrale une attitude droite et verticale. Cet exercice si simple pourra devenir ainsi un utile correctif des attitudes vicieuses auxquelles l'enfant a tant d'occasions de se laisser aller pendant son séjour à l'école.

LES PRISONNIERS.

On forme un cercle d'au moins vingt élèves; un ou plusieurs d'entre eux sont placés au centre. Ceux qui forment le cercle se donnent les mains en les élevant pour engager les prisonniers à sortir du cercle; mais, dès que ces derniers tentent de franchir le cercle, les bras et les jambes fléchissent : il y a *barrière*. L'élève sous le bras droit duquel sort un prisonnier cède sa place à ce dernier et devient prisonnier à son tour.

CHAT ET SOURIS.

Les élèves sont placés en cercle sur un rang, à la petite distance. Deux d'entre eux sont désignés pour être l'un *le chat* et l'autre *la souris;* cette dernière court à l'intérieur du cercle en décrivant des sinuosités ou en serpentant autour des autres élèves. Le *chat* la suit en courant exactement sur ses traces. S'il la touche, il désigne les deux nouveaux joueurs, tandis que ce droit est réservé à la souris, si elle parvient à dépister le chat.

LE LOUP OU LA QUEUE LEU LEU.

Un élève se détache de la bande et simule le *loup;* les autres se placent sur une file, le plus grand marchant en tête et repré-

sentant le berger; les suivants figurent son troupeau. Celui-ci
s'avance en chantant; à son approche, le *loup* s'élance pour saisir
le dernier mouton; mais tous sont défendus par le berger qui,
courant en serpentant, se place en face du loup. Au fur et à mesure que celui-ci saisit un mouton, il le place derrière lui en une
file, et le jeu continue jusqu'à ce que tous les moutons soient
enlevés au berger.

LA MÈRE GARUCHE.

Un élève remplissant le rôle de *mère Garuche* s'établit dans un
camp tracé à l'extrémité de la cour; tous les autres se dispersent et
se garent des atteintes de la mère, qui annonce sa première sortie
par ces mots : «La mère Garuche sort du camp.» Tenant les
doigts croisés, à peine d'être chassée dans son camp et obligée
de recommencer, elle se précipite à la poursuite des joueurs et
fait tous ses efforts pour en atteindre un. Sitôt qu'elle y a réussi,
elle fuit avec son prisonnier vers le camp, en tâchant de se sous-
traire aux persécutions de tous les autres élèves qui se placent
sur son passage pour lui appliquer de petits coups de mouchoir
ou du plat de la main sur le dos; elle n'est en sécurité que
lorsqu'elle est entrée dans le camp. La mère et le prisonnier
sortent de nouveau en se donnant la main et continuent la chasse.
Chaque nouveau prisonnier vient se joindre à eux. Dans leurs
poursuites, ils doivent avoir bien soin de ne point se désunir, ce
qui, parfois, est très difficile à cause des à-coups et des fluctua-
tions qui se produisent dans la course. Une fois désunis, ils sont
exposés aux coups des joueurs tant qu'ils ne sont pas rentrés au
camp. Cette chasse ne se termine que lorsque tous les élèves sont
pris. Si l'un des joueurs pénètre dans le camp sans avoir été touché, il est chassé par *mère Garuche* et ses aides de la manière indiquée plus haut.

L'ÉPERVIER (OU LA PASSE).

Comme tous les jeux de course, l'épervier est un excellent
exercice, qui développe à la fois la vigueur musculaire et l'aptitude à bien respirer.

Il n'exige de *matériel* d'aucune espèce.

Le *terrain* est une grande cour, une place, une esplanade ou une prairie quelconque.

On y trace deux camps, limités par des lignes parallèles et séparés par un intervalle proportionné à l'âge des joueurs, de 30 à 80 mètres.

Tous les joueurs, à l'exception de deux, désignés par le sort ou par le choix de leurs camarades, et qui prennent le titre d'*éperviers*, se groupent dans l'un des camps.

Il s'agit pour cette armée de passer d'un camp à l'autre sans tomber aux mains des éperviers.

1. Les éperviers crient : *En chasse!*

Aussitôt, chaque joueur doit quitter son camp pour courir vers l'autre, sous peine d'être considéré comme *pris*.

2. Quiconque est touché par un des éperviers est *pris*.

3. Dès qu'ils sont au nombre de quatre, les prisonniers deviennent des auxiliaires pour les éperviers.

A cet effet, ils se prennent par la main, deux à deux, et cherchent à saisir les joueurs, qui passent en courant d'un camp à l'autre.

4. Tout nouveau prisonnier s'ajoute à la *chaîne* qui l'a pris. S'il a été touché par l'un des éperviers, il s'ajoute à la chaîne la moins nombreuse.

5. Quand les prisonniers sont au nombre de vingt, ils forment une seule chaîne qui se déploie sur la largeur du terrain pour arrêter les coureurs au passage; les éperviers, postés derrière la chaîne, cherchent à saisir ceux qui ont pu passer entre les mailles de ce filet humain.

6. Il est permis aux coureurs de rompre la chaîne pour passer, mais sans user de violence.

7. Les sorties d'un camp à l'autre doivent toujours être précédées du cri de : *En chasse !* poussé par les éperviers.

8. Les deux bouts de la chaîne ont seuls le droit de faire des prisonniers avec les éperviers. Deux prisonniers formant la chaîne

et obligés de se séparer par une raison quelconque, par exemple par la rencontre d'un arbre ou de tout autre obstacle, ne peuvent prendre personne pendant leur séparation.

9. On est *pris* quand on est *touché* par la main de l'ennemi ailleurs qu'à la tête, à la main ou au pied.

10. Quand il ne reste plus personne à prendre, la partie est finie.

Pour la recommencer, on choisit comme éperviers les deux coureurs les plus agiles, ou s'il n'y a pas unanimité sur le mérite des candidats, on s'en remet au sort.

LA BALLE EN POSTURE.

Dans ce jeu, les élèves, rangés en cercle, se jettent successivement la balle. Celui qui la laisse tomber est obligé de garder la posture qu'il avait à l'instant où la balle lui a échappé. Lorsque tous les élèves, à l'exception d'un seul, sont en posture, ce dernier les fait « revivre ». A cet effet, il se place au centre du cercle et lance dix fois la balle en l'air en la recevant chaque fois dans les mains; ou bien il touche les postures l'une après l'autre avec la balle.

Les poses variées que doivent prendre les élèves qui laissent échapper la balle rendent ce jeu des plus amusants. Les demoiselles s'y adonnent avec beaucoup de plaisir.

LA BALLE AUX POTS.

Le *matériel* se réduit à une balle ordinaire, en cuir ou en caoutchouc demi-plein.

Le *nombre* des joueurs ne doit pas dépasser neuf, mais peut être inférieur à ce chiffre.

1. On commence par creuser, au pied d'un mur ou d'une haie, d'une barrière quelconque, neuf trous assez larges et profonds pour contenir la balle, et qu'on appelle les *pots*.

Ces trous sont disposés sur trois lignes parallèles à la distance de o m. 3o l'un de l'autre, de manière à former un carré d'environ un mètre de côté.

Ce carré est entouré, à la distance de deux à trois mètres, d'une ligne tracée sur le sol et qui l'enferme dans le *camp*.

A 1 mètre en avant du camp, une ligne horizontale marque le but.

Un coup de balai sur le camp, de manière à en enlever la poussière, complète les préparatifs.

2. On tire au sort les pots. Chaque joueur en a un, qu'il doit reconnaître pour sien pendant toute la partie. Le joueur qui a le dernier trou resté disponible est par le fait même désigné comme *rouleur*.

3. Les autres joueurs se postent autour du camp, un pied sur la limite. Le rouleur se place au but et fait rouler la balle vers les trous.

4. Si la balle tombe dans un des pots et s'y arrête, tout le monde s'enfuit à l'exception du joueur à qui appartient ce pot et qui s'empresse de la ramasser pour en frapper, s'il peut, un des fugitifs (le *caler*, comme on dit).

5. Le coup a-t-il porté juste, aussitôt le joueur calé devient rouleur, et de plus il est marqué d'un point, qu'on indique en déposant un petit caillou dans son pot.

6. Le coup a-t-il manqué, c'est le caleur qui prend un caillou dans son pot et devient rouleur.

7. Tout le monde est tenu de quitter le camp, au moment où la balle s'est arrêtée dans un pot. Si, par un motif quelconque, un des joueurs s'est mis en retard, il doit sortir à ses risques, mais il a le droit de faire trois pas hors du camp avant que le caleur puisse essayer de le frapper.

8. Le caleur n'est pas tenu de lancer la balle, quand il juge que le coup présente trop peu de chances de succès. Il peut la garder en main pour attendre une occasion favorable, et même chercher à faire naître cette occasion en s'avançant à trois pas hors du camp.

9. Quand il tarde trop à lancer la balle, ses adversaires ne manquent guère de se rapprocher pour le narguer. L'un vient

danser à quelques pas de lui : un autre passe en courant à sa portée; un troisième le défie directement en criant : *Homme de bois!* ce qui implique l'engagement de rester immobile jusqu'à ce que le caleur ait tiré.

Enfin il se décide, et la partie reprend son cours.

10. Le rouleur qui a roulé trois fois de suite la balle vers les pots sans arriver à la placer est marqué d'un point, c'est-à-dire d'un caillou, comme le joueur calé et le caleur maladroit.

11. Quand un joueur a ainsi pris trois marques, il «sort», et jusqu'à la fin de la partie reste simple spectateur.

(L'usage de certaines provinces est, dans ce cas, de boucher son pot avec de la terre ou du gazon, pour indiquer qu'il ne sert plus.)

12. Le gagnant est celui qui reste le dernier avec deux marques au plus. Il a le droit de *fusiller* tous les perdants.

Chacun des vaincus à son tour va se placer au mur, en présentant le dos, et jette la balle derrière lui, aussi loin qu'il peut. Le vainqueur la ramasse et du point où il l'a relevée, il la lance trois fois de suite contre le dos du condamné. S'il atteint toute autre partie du corps, à son tour il est voué à la fusillade et il subit la peine du talion.

Remarque. On convient souvent qu'il n'y aura qu'un seul *fusillé*, le premier «sorti». Parfois aussi, pour varier le supplice, on convient que la balle du fusilleur devra frapper le bras du perdant, étendu contre le mur, ou sa jambe. En ce cas, la peine est la même pour le fusilleur, s'il manque la partie désignée.

LA BALLE CAVALIÈRE.

Les élèves, assortis par couple de même taille, sont placés sur deux rangs en un grand cercle. Le sort décide quel est celui des deux élèves, dans chaque file, qui, pour commencer le jeu, remplira le rôle de «cheval». Les autres élèves sautent à califourchon et le cavalier, muni de la balle, la lance à son voisin de droite; celui-ci l'ayant attrapée sans mettre pied à terre la lance à son tour au cavalier voisin et la balle fait ainsi le tour du cercle.

Si elle vient à tomber, tous les chevaux abandonnent leurs cavaliers et ceux-ci se sauvent rapidement; le cheval le plus près de la balle la saisit, la lance vers les cavaliers et, s'il parvient à en atteindre un, tous changent de rôle.

LE GOURET (OU LA TRUIE, OU LA CROSSE-AU-POT).

Le nombre des joueurs, sans être limité, ne doit pas dépasser 10 à 12 pour que l'intérêt soit maintenu et aussi pour la commodité des mouvements.

Le matériel du jeu se compose d'une balle en bois de la grosseur d'une pomme, qui sera le *gouret* ou la *truie*, et d'autant de *crosses* (bâtons recourbés et renflés par le bout) qu'il y a de joueurs.

On creuse dans le sol autant de trous ou pots qu'il y a de joueurs moins un. Ces pots sont disposés en fer à cheval et distants d'environ 1 m. 50 les uns des autres. Au centre du fer à cheval est, en outre, creusé le pot commun que l'on fait ordinairement plus grand que les autres.

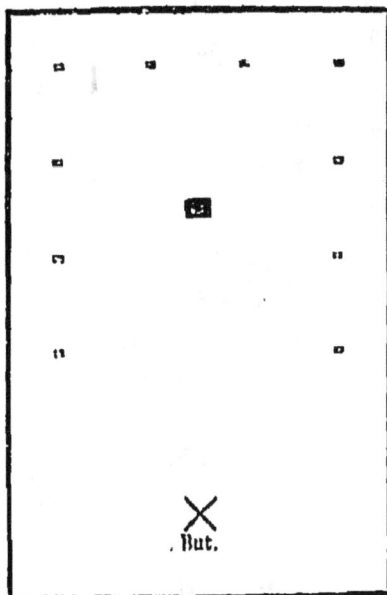

X
But.

On marque ensuite le *but* à 6 mètres en avant de l'ouverture du fer à cheval.

IMPRIMERIE NATIONALE.

Pour déterminer l'ordre dans lequel les joueurs choisiront leur pot et aussi pour savoir celui qui roulera la truie, les joueurs étant placés au pot commun lancent alternativement leur crosse vers le but. Le plus éloigné est celui qui *y est.*

Le jeu commence. Chaque joueur tient son pot avec sa crosse. Le rouleur, étant au but, prend la truie avec la main et la lance près du pot commun, dedans s'il le peut. Pendant qu'elle est encore en mouvement, les joueurs ont le droit de la renvoyer à coups de crosse. Après, ils ne le peuvent, sous peine d'être pris, qu'autant qu'elle a été touchée par la crosse du rouleur.

L'intérêt consiste pour les joueurs à chasser aussi loin et aussi fréquemment que possible la truie, lorsqu'elle se trouve à leur portée, et cela sans se laisser prendre.

Pour le rouleur, il s'agit de s'emparer du pot de l'un de ses adversaires. Deux moyens s'offrent à lui :

1° Mettre sa crosse dans le pot laissé vide par le joueur au moment rapide où il frappe la truie;

2° Provoquer un *retourne-pot,* c'est-à-dire un changement général. Il y a retourne-pot, quand la crosse est introduite dans le pot commun, ou lorsqu'elle pénètre dans le pot d'un joueur; dans ce cas, tous les joueurs portent vivement leur crosse dans le pot commun : le dernier arrivé *y est.* Dans le retourne-pot du premier cas, celui qui, à la suite du changement, se trouve sans pot, devient le *rouleur.*

Ces coups sont difficiles, parce qu'il est de l'intérêt de tous les joueurs de les empêcher en chassant la truie à coups redoublés. Il faut au rouleur de la vigilance pour menacer les pots de ses adversaires et imposer la prudence, et de l'adresse pour parer, au moyen de sa crosse, les coups portés à la truie.

A noter une règle que l'on n'observe pas partout, mais dont on reconnaît l'avantage par la pratique. Pour la défense de son pot, un joueur peut sans craindre d'être pris, frapper la truie qui le *brûle,* c'est-à-dire qui en est distante de la longueur *du pied au genou.* En cas de contestation, le rouleur met le joueur en demeure de « faire son genou ». Celui-ci met la pointe du pied dans le pot et le genou à terre. Ainsi se mesure cette longueur dont l'unité bizarre ne fait partie d'aucun système de poids et mesures ancien ou nouveau.

LA CROSSE AU BUT.

C'est un jeu très français, très répandu dans la région du Nord et qui donne lieu tous les ans à des concours très importants :

Le matériel se compose d'une planche haute de 1 m. 50, large de 0 m. 20 à 0 m. 25, d'une crosse et d'une série de six balles faites de bois dur, ou plutôt d'un nœud de sauvageon.

I. La planche est dressée contre un mur ou contre tout autre obstacle.

II. Les joueurs se placent à une distance de 6, 8, 10 mètres, selon les conventions, face à la planche.

III. Le premier joueur armé de la crosse lance la série de six balles, le deuxième fait de même et ainsi jusqu'au dernier.

IV. Celui qui met le plus de balles dans la planche a gagné la partie.

V. On peut sectionner les joueurs en plusieurs jeux.

En résumé toutes les règles prescrites dans les concours de tir peuvent être appliquées à ce jeu.

La crosse vaut 2 francs ou 2 fr. 50 au plus. Elle est formée d'une trique garnie à son extrémité inférieure d'un porte-balle en acier.

Ce jeu est très simple et très propre à développer l'adress avec la justesse du coup d'œil.

Il présente l'avantage d'être praticable dans toutes les cours de collège ou même dans un préau, les jours de pluie.

LA BALLE AU MUR.

Ce jeu de balle se pratique contre un mur qui doit avoir au moins 5 mètres de hauteur et n'être percé d'aucune baie ou fenêtre à l'emplacement du jeu. On trace sur ce mur, à environ

1 m. 50 de la base, une ligne horizontale qui prend le nom de
ligne des « outre »; on en trace une seconde, sur le sol, à 2 ou
3 mètres du mur et parallèlement à celui-ci; c'est la ligne des
« courtes ». Deux autres lignes, placées à 4 mètres de distance,
vont perpendiculairement au mur, jusqu'à la ligne des courtes
et de là se continuent obliquement en s'écartant, sur une longueur de 8 à 12 mètres selon la force des joueurs; ce sont les
« cordes ». Une dernière ligne transversale, appelée aussi ligne
des « outre », les réunit et détermine avec les cordes et la
ligne des courtes un trapèze dont cette dernière forme la petite
base.

Les joueurs, en nombre pair, sont partagés en deux camps; le
sort désigne lequel des deux « livrera » la balle pour commencer
la partie.

La balle au mur se joue de deux façons : aux « chasses »,
ou aux « outre ». Avant d'en exposer les règles, nous croyons
utile de donner le sens de quelques expressions fréquemment
employées.

Livrer, c'est lancer la balle légèrement en avant et la frapper
immédiatement avec force de la paume de la main pour l'envoyer contre le mur et la faire rebondir le plus loin possible.

Chasser, c'est frapper la balle livrée avant qu'elle n'ait touché
le sol, c'est-à-dire à *la volée*, ou à son *premier bond*.

Faute se dit d'une balle qui tombe hors des cordes; un tel
coup vaut quinze points au parti adverse.

Une balle livrée est *courte*, lorsqu'elle ne tombe pas au delà
de la ligne des courtes; les adversaires du livreur comptent alors
quinze points.

Chasser outre, c'est lancer la balle au-dessus ou au delà de
de l'une des lignes des « outre ».

Une *chasse* est une marque tracée à l'endroit où la balle a été
ou s'est arrêtée, lorsqu'elle n'a pas été chassée outre.

Les joueurs doivent s'exercer à envoyer la balle tantôt de la
main droite, tantôt de la main gauche. Ils peuvent se servir de
la main nue, ou bien, si la balle est très dure, garantir la main
à l'aide d'un gant spécial, ou bien encore chasser la balle à

l'aide d'un battoir en bois. L'exercice devient alors une très bonne préparation au jeu plus difficile de la longue paume.

2° JEUX DE PLEIN AIR [1].

Pour les garçons.

DE 11 À 15 ANS.

La paume au tambourin.

La grande théque (ou balle au camp.

Le mail (ou balle à la crosse).

APRÈS 15 ANS.

La longue paume.

La barette (ou foot-ball).

Le ballon français.

La paume au filet (ou lawn-tennis).

Le rallye-paper.

Pour les filles.

DE 11 À 15 ANS.

La paume au tambourin.

Le mail (ou balle à la crosse).

Le crocket.

APRÈS 15 ANS.

La paume au filet (ou lawn-tennis).

LA BALLE AU TAMBOURIN.

Ce jeu est une excellente préparation à la paume au filet, et à ce titre convient parfaitement aux jeunes filles, surtout si elles s'exercent à la pratique alternativement des deux mains.

Le *matériel* se compose : 1° d'un tambourin servant de raquette et formé d'une peau tendue sur un large anneau de bois; 2° de petites balles de caoutchouc qu'on choisit plus ou moins pesantes, selon l'âge et la force des joueurs. Ce matériel est peu coûteux, car on peut avoir un bon tambourin pour 2 ou 3 francs et des balles à tous prix; il suffit parfaitement pour jouer tous les jeux de paume.

Le *terrain* est une cour, une esplanade quelconque, ou mieux encore une pelouse. Dans le dernier cas, il est bon de chausser des souliers de toile à semelles de caoutchouc.

---

[1] Cette liste ne comprend que les jeux dont l'installation demande un très grand espace. Il va de soi qu'on peut installer aussi *en plein air*, chaque fois que l'occasion s'en présente, tous les autres jeux qui ont été décrits comme jeux *d'intérieur*.

Au début les joueuses se contenteront de se grouper deux par deux et de se renvoyer la balle en la frappant du tambourin, tantôt de la main droite, tantôt de la main gauche; quand elles auront acquis une certaine adresse à cet exercice, elles aborderont une difficulté plus grande, celle qui consiste, par exemple, à laisser bondir la balle à terre, en deçà ou au delà d'une ligne tracée sur le sol (à la chaux s'il s'agit d'une pelouse) avant de la frapper du tambourin pour la renvoyer.

Il est déjà possible et même avantageux, à cette phase, de se grouper par camps de deux ou trois joueuses, chacun d'un côté de la ligne-limite, afin de barrer plus aisément le passage à la balle, qu'elle qu'en soit la direction.

On a là le rudiment des jeux de paume proprement dits. Il n'y a plus de raison dès lors pour ne pas en adopter les règles, telles qu'on les a données précédemment ici même et jouer au tambourin soit la paume au filet, soit la longue paume.

N. B. — Pour éviter les accidents, on fera bien de se servir exclusivement de balles creuses en caoutchouc.

L'exercice de la balle au tambourin étant beaucoup plus violent qu'il n'en a l'air, surtout au début, on fera bien aussi de le pratiquer modérément par reprises d'un quart d'heure tous les jours au plus, et toujours des deux mains alternativement.

LA GRANDE THÈQUE (OU BALLE AU CAMP).

La *grande thèque* est un vieux jeu français qui nous a été emprunté par les Anglais, comme la plupart de leurs exercices de plein air : mais nous l'avons laissé dépérir, alors qu'ils le conservaient et le perfectionnaient avec soin. On le jouait encore à Chartres et en Normandie, sous son nom français, il y a une trentaine d'années.

On décrit quelquefois séparément la grande thèque et la balle au camp, mais malgré quelques différences assez marquées pour autoriser théoriquement cette distinction, il n'y a pas grand intérêt, dans la pratique à en faire deux jeux distincts.

I. Le *nombre* des joueurs varie de douze à dix-huit, mais doit toujours être pair, afin de se prêter à la division en deux camps (que nous appellerons les *bleus* et les *rouges*), chacun sous le commandement d'un capitaine.

II. Le *matériel* est des plus simples et des moins coûteux : quatre ou cinq chevilles de bois, un bâton (thèque) de o m. 6o à o m. 8o pour servir de batte, et une balle de cuir ordinaire.

III. Le *terrain* de jeu doit avoir 3oo à 4oo mètres carrés au minimum. Une cour de collège, sans arbres, convient parfaitement. (Il suffit de griller en fil de fer les fenêtres inférieures pour prévenir les bris de vitres.)

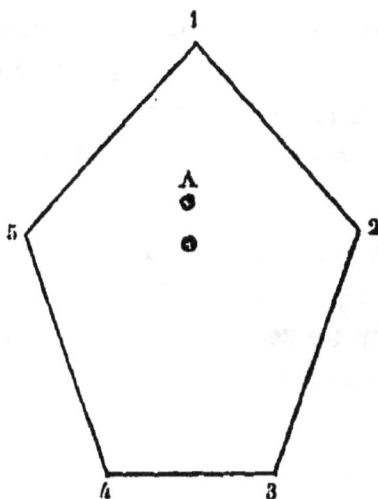

IV. Au milieu de ce terrain, on dessine au cordeau un pentagone régulier de 5 à 6 mètres de côté. A chacun des angles de la figure, on plante une cheville, marquant ce qu'on appelle les *bases*, 1, 2, 3, 4 et 5; l'intérieur de la figure prend le nom de *chambre*; vers le milieu de cette chambre, une sixième cheville plantée en terre au point A marque le *poste*.

V. Les choses ainsi disposées, on tire à pile ou face pour désigner le parti qui doit ouvrir le jeu. Supposons que ce soit celui des *bleus*.

Il se place dans la chambre du pentagone, tandis que les *rouges* s'espacent autour de la figure, à des distances variables.

VI. Un des *bleus* se place avec le bâton à la base 1; un autre se met au poste A, en avant de ses camarades, pour lancer la balle au batteur.

Il doit envoyer la balle de manière que le batteur puisse normalement la recevoir sur son bâton et la frapper, s'il n'est pas d'une maladresse insigne. Celui-ci a le droit de «refuser» deux fois la balle, mais s'il la manque ou la «refuse» une troisième fois, il «sort».

VII. L'a-t-il frappée, il lâche le bâton, court à la base 2, puis s'il en a le temps, touche successivement la base 3, la base 4 et la base 5, pour revenir ensuite à la chambre. Réussit-il à faire cette «ronde»? Son parti marque cinq points. Mais ses adversaires, postés autour du pentagone, se sont hâtés de saisir ou de ramasser la balle pour le surprendre en flagrant délit de déplacement d'un piquet, à l'autre, et lui jeter la balle. S'il est touché entre deux bases, il «sort» et un autre joueur de son camp prend le bâton.

VIII. Il est permis aux *rouges* de saisir la balle, soit à la volée, c'est-à-dire avant son premier bond, soit après; et, tout joueur surpris par le retour de cette balle, alors qu'il se trouve entre deux piquets, «sort» aussitôt.

IX. On ne doit jamais être deux au même piquet, ni se dépasser.

X. Quand il ne reste plus que deux joueurs dans la chambre, l'un d'eux a le droit de demander «trois coups pour une ronde», c'est-à-dire qu'après avoir frappé la balle, s'il arrive à faire le tour des piquets sans être touché, tout son camp rentre et recommence à tenir le bâton. Il importe donc de réserver les deux plus agiles coureurs pour l'arrière-garde.

XI. Tout batteur qui envoie la balle derrière lui «sort» du coup.

XII. Un camp entier «sort» quand tous ceux qui en font partie se trouvent aux piquets. L'usage est alors, pour réclamer cette sortie en masse, de déposer la balle dans la chambre.

XIII. La thèque se joue habituellement en deux manches de quarante points, avec une «belle» s'il y a lieu.

LE MAIL (OÙ BALLE À LA CROSSE).

Ce jeu se joue sur une pelouse ou sur un terrain uni quelconque mesurant 95 mètres sur 45.

Les joueurs sont au nombre de 11 dans chaque camp, et chacun d'eux est armé d'une crosse ou fort bâton recourbé à l'un de ses bouts. Autrefois l'on se servait d'une sorte de marteau en bois à long manche ou *maillet*, d'où le nom de *mail* donné à au jeu. La crosse sert à chasser la balle faite de bois dur.

DISPOSITION DES JOUEURS AU DÉBUT DE LA PARTIE.

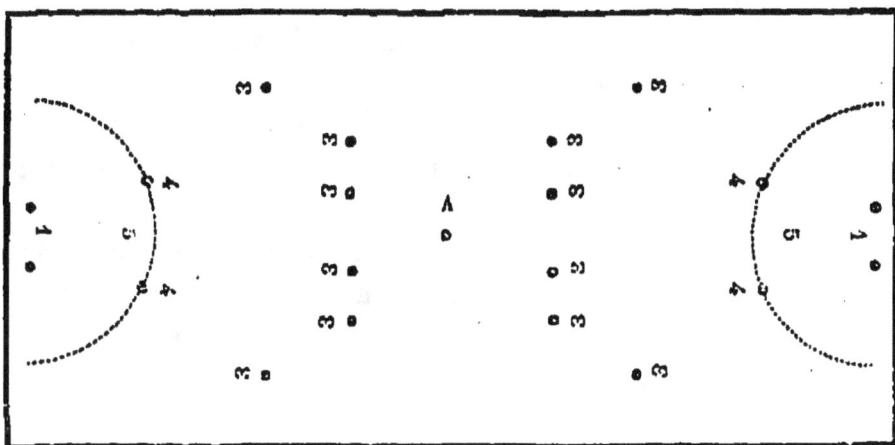

A. Centre du terrain d'où l'attaque est donnée.
1. Gardiens du but.
3. Joueurs avant.
4. Joueurs demi-arrière.
5. Joueurs arrière.

Pour commencer la partie, la balle est placée au *centre du terrain*, et deux joueurs, un de chaque camp, l'attaquent de la façon suivante pour éviter toute surprise : chaque joueur frappe une fois le sol du bout de sa crosse, puis trois fois la crosse de son adversaire; alors ils attaquent la balle pour l'envoyer chacun du côté du camp opposé. Pendant ce temps les autres joueurs attendent aux postes qui leur ont été assignés par leurs capitaines, et aussitôt que la balle est en jeu ils cherchent à l'attraper en courant pour lui donner un nouvel élan vers le but ennemi ou la détourner de leur propre but. Il faut d'abord faire entrer la balle dans les demi-cercles qui entourent les buts, puis de là l'envoyer d'un seul coup entre les deux piquets. Le camp qui a envoyé le plus de fois (dans un temps limité à l'avance) sa balle dans le but du camp adverse a gagné la partie.

Le règlement interdit de lever la crosse au-dessus de l'épaule; en s'y conformant on évite tout accident.

LA PAUME AU FILET (OU LAWN-TENNIS).

Ce jeu consiste à lancer d'après certaines règles et au moyen de raquettes des balles en caoutchouc par-dessus un filet tendu verticalement en travers d'un emplacement uni qu'on nomme *cours*. Les cours peuvent s'établir sur l'herbe ou sur la terre battue; on joue aussi sur de l'asphalte spécialement préparé à cet effet.

Les dimensions d'un cours pour 4 joueurs sont de 23 m. 80 sur 11. Les raies sont indiquées avec du blanc d'Espagne ou bien avec des rubans de fil. Pour 2 joueurs les dimensions sont habituellement de 23 m. 80 sur 8 m. 26.

PARTIE À DEUX JOUEURS.

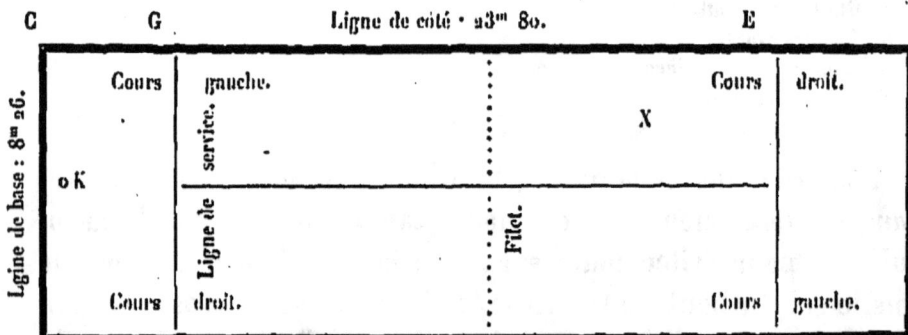

PARTIE À QUATRE JOUEURS.

Ligne de côté : 23ᵐ 80.

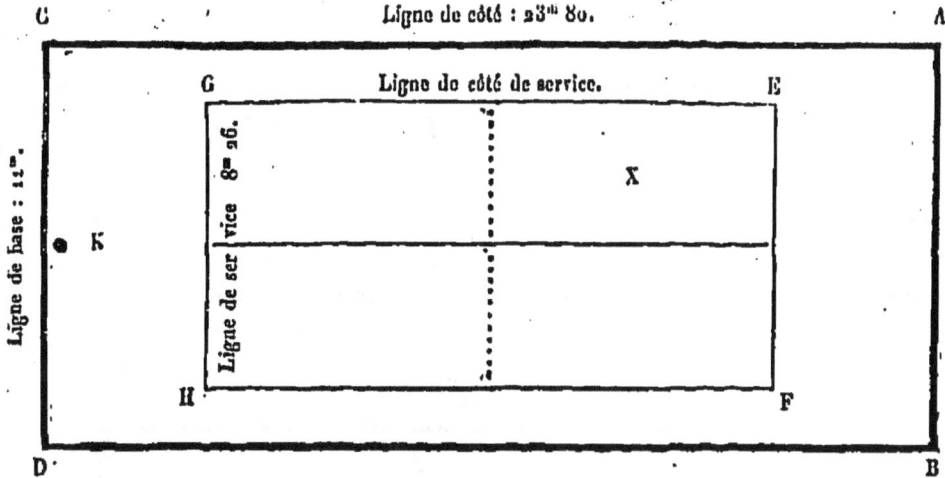

Les joueurs se tiennent des deux côtés du filet. Celui qui commence la partie s'appelle le *servant*. La priorité du service au commencement de chaque partie se décide par le sort; le gagnant du choix du côté abandonne le droit de service et *vice versa*. Le servant doit avoir un pied sur la ligne de base et l'autre en dehors. Chaque joueur se place dans un des carrés de chaque côté du filet. Le servant lance la balle par-dessus le filet du carré droit au carré gauche. La balle partie de la ligne K D, par exemple, doit tomber dans le carré X; le joueur de ce carré la relève après qu'elle a touché terre une seule fois. A partir de ce moment il ne s'agit plus pour chaque camp que de faire franchir le filet à la balle et de ne pas l'envoyer hors des limites du jeu. Il est permis de rattraper la balle *de volée* avant qu'elle ait touché terre, si ce n'est pour le premier coup. Il n'est jamais permis de la relancer quand elle a rebondi deux fois. Chaque faute compte *quinze* à l'adversaire. On peut gagner en quatre coups : *quinze, trente, quarante-cinq, jeu*, comme à la paume. Quand les deux camps se trouvent avoir quarante-cinq, il faut deux points *de suite* pour gagner; le premier se nomme *avantage*, le second *jeu*. Une partie se compose ordinairement de six jeux gagnés par le même camp.

ACCESSOIRES. Les balles réglementaires sont en caoutchouc, creuses et recouvertes de feutre. Ce sont les meilleures et les plus durables et il est préférable de se procurer, même pour commencer, des articles de bonne qualité.

Prix : de 9 à 21 francs la douzaine.

Le poids des raquettes variera de 340 à 400 grammes, selon l'âge et la vigueur de l'enfant. Le prix varie depuis 10 fr. 50 jusqu'à 28 francs. (Pour enfants, de 4 fr. 50 à 7 fr. 50.)

Le filet doit avoir 12 m. 60 environ (10 à 20 francs). On peut également se procurer des marqueurs et des rubans de fil tout préparés. Le jeu complet (filet, 4 raquettes, 12 balles, montants, piquets, règles, le tout dans une caisse) vaut de 90 à 120 francs.

LA LONGUE PAUME.

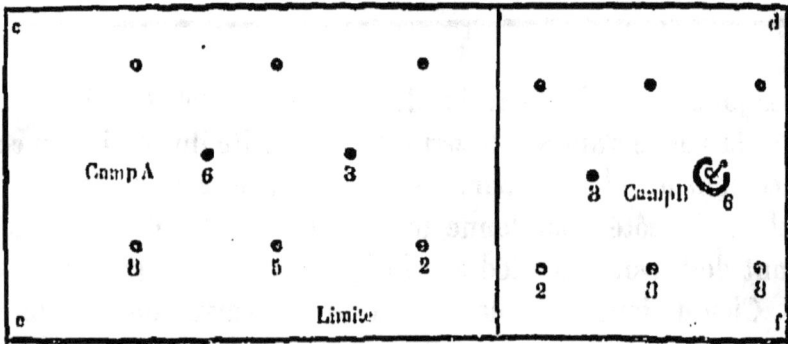

CD, EF, EC, DF *Limites.* — CDEF *Rapports.* — GH *Corde.* — (I) *Tireur.* (II) *Marqueur.* — 1 et 2 *Cordiers.* — 3 *Milieu de corde.* — 4 et 5 *Basse volée.* — 6 *Foncier.* — 7 et 8 *Haute volée.*

1° *Emplacement du jeu.* — Le terrain réservé aux joueurs est uni, sans herbe : c'est la *place.* La longueur en est de 70 à 80 mètres; la largeur ordinairement de 12 à 15 mètres; c'est-à-dire environ le cinquième de la longueur. La place est limitée à chaque extrémité et de chaque côté par une bande de gazon ou par une rigole. La surface est divisée en deux parties inégales dont l'une est le double de l'autre. Elles sont séparées par un cordon de couleur ou par une rigole que l'on appelle *corde.* A chacun des coins du terrain CDEF se trouvent des poteaux que l'on a désignés sous le nom de *rapports.* Ces poteaux, qui peuvent avoir de 6 à 8 mètres, comprennent donc entre eux les limites du jeu.

2° *Position des joueurs.* — Les joueurs sont divisés en deux camps (fig. A et B). Chacun d'eux compte huit hommes placés de la manière suivante : ceux du camp A, qui occupent les numéros 1 et 2, sont placés de chaque côté et assez près de la corde; le numéro 1 a soin de serrer d'assez près la limite CD afin de ne pas laisser un intervalle qui permettrait à la balle de passer facilement. Au contraire, le n° 2 rentre davantage dans le jeu. Cette disposition s'explique par la tendance naturelle du livreur à lancer la balle à sa droite, c'est-à-dire vers la gauche du camp A. Ces deux joueurs sont ordinairement les plus faibles, les apprentis; ils ont reçus le nom de *cordiers* (voir figure), c'est-à-dire « hommes se tenant près de la corde ».

Le n° 3 se trouve au milieu du jeu et un peu en arrière des deux cordiers; il porte le nom de *milieu de corde.* Ce joueur doit être un homme agile, capable de renvoyer les coups que son adversaire lui lance dans les jambes et d'arrêter la balle lorsqu'elle roule à terre. En arrière et sur le prolongement des deux cordiers se trouvent deux autres joueurs qui composent la *basse volée.* Celui qui tient le n° 4 sur la figure occupe la plus belle place du jeu; c'est là qu'arrivent le plus de coups et les plus difficiles; aussi l'homme qui s'y trouve est choisi parmi les plus habiles et les plus adroits. Enfin le chef du camp, le *fort du jeu* ou encore *foncier*, comme on le désigne vulgairement dans nos provinces, se place au n° 6 sur le prolongement du *milieu de corde;* c'est ordinairement le plus adroit de joueurs, et c'est de lui et du n° 5 que dépend généralement le succès. Le foncier a derrière lui deux autres hommes, 7 et 8, qui composent la *haute volée;* il ne leur vient le plus souvent que les coups perdus, ceux que les autres joueurs n'ont pu arrêter.

De l'autre côté, dans le camp B, les joueurs sont placés absolument de la même manière; cependant il y a une remarque à faire : celui qui lance la balle et que l'on appelle *tireur* ou *livreur* occupe la place correspondante au foncier du camp opposé (voir figure).

Il est un homme dont nous n'avons pas encore parlé, c'est le *marqueur.* Il est chargé de planter une flèche sur l'alignement, vis-à-vis de l'endroit où la balle s'arrête : en d'autres termes, c'est lui qui indique les chasses établies dont nous parlerons plus loin. Il se sert de deux fiches de 1 m. 5o environ, percées à la partie supérieure d'un certain nombre de trous destinés à marquer les jeux à l'aide d'une cheville. Dans beaucoup d'endroits, on se sert de petites tiges en fer de o m. 20 tout au plus, portant l'une une houppe de laine rouge et l'autre une houppe de laine blanche ou bleue. Mais avec ces sortes de fiches, on ne peut pas indiquer le nombre de jeux gagnés par chacun des camps. D'un autre côté, elles présentent un avantage sur les fiches en bois. Avec celles-ci on est forcé, vu leur longueur, de les planter perpendiculairement au sol, le long de la limite du jeu et en face de l'endroit où s'est arrêtée la balle ; aussi le marqueur qui n'y prend pas garde peut mettre la chasse tantôt trop haute, tantôt trop basse, ce qui occasionne des discussions. Au contraire, avec les autres, on marque les chasses à l'endroit même où la balle s'est arrêtée ; on ne gêne pas les joueurs et il ne peut pas y avoir d'erreur.

3° *Matériel nécessaire.* — Le matériel nécessaire est différent suivant les jeux. Pour le jeu de balle, on se sert simplement d'une pelote de o m. 07 de diamètre faite en laine et recouverte d'une enveloppe de cuir. Le jeu de tamis comporte un tamis en soie, des balles très dures qui coûtent assez cher et des gants de cuir dur dont le prix varie de 6 à 8 francs. Pour le jeu de ballon, on se sert d'une vessie recouverte d'une enveloppe de cuir que l'on gonfle au moment de jouer. Dans le jeu de paume ordinaire, la balle est en liège, ses dimensions sont un peu plus grandes que celles de la pelote. Les joueurs se servent d'une raquette pour lancer et renvoyer la balle. Cette raquette n'est autre chose qu'un cadre de bois à treillis de corde, de forme ovalaire, muni d'un long manche [1].

---

[1] On pourrait jouer sans autre matériel que la balle elle-même, et l'envoyer en la frappant avec la paume de la main. On joue souvent ainsi en Belgique. Mais il faut un certain courage pour frapper avec la main nue un projectile assez dur, et les joueurs se garantissent généralement du contact de la balle à l'aide d'un gant spécial.

Tel est succinctement le matériel que comporte chacun des jeux de paume.

Règles. — Les règles du jeu sont sensiblement les mêmes pour tous les jeux de paume. Nous ne parlerons que du jeu de pelote qui se joue avec un matériel très simple et qui est le plus répandu.

I. Toute balle lancée par le tireur en deçà de la corde donne quinze points aux adversaires. Il en est de même d'une balle lancée en dehors des limites du jeu.

II. Tout joueur qui renvoie la balle hors des limites du jeu fait perdre quinze points à son camp. Il en est de même du cas où un joueur touche deux fois la pelote pour la renvoyer, ou s'il en frappe un de ses partenaires.

III. Toute pelote qui dépasse les rapports donne quinze points au camp opposé à ses rapports.

Une partie se joue généralement en huit jeux; chaque jeu comprend soixante points; nous verrons plus loin que les jeux peuvent néanmoins dépasser cette limite. On compte toujours par quinze points.

Les joueurs de chaque camp sont à leurs places. Le sort a désigné le camp qui doit commencer à tirer ou livrer, B par exemple. Un des joueurs tire, et, quel que soit l'endroit où la balle s'arrête, le marqueur plante une fiche en face de la corde; c'est la première *chasse* ou « chasse à la corde». On commence donc toujours une partie par établir une chasse, quand même le tireur lancerait la pelote au-dessous de la corde ou en dehors du jeu. Le tireur lance alors une seconde fois sa pelote en prévenant les adversaires par un mouvement du bras ou par le mot « Balle». Ceux-ci s'efforcent de la renvoyer et elle passe d'un camp dans un autre jusqu'au moment où un joueur n'arrive plus à temps pour la lancer avant qu'elle touche terre ou avant qu'elle fasse son second bond. La pelote est arrêtée par les joueurs de l'un ou l'autre camp, selon le cas; le marqueur s'empresse de se diriger vis-à-vis de l'endroit où la balle a été arrêtée et il plante une de ses fiches sur l'alignement. Il y a alors deux chasses, puisque la première a été placée par convention à la corde. Les joueurs changent de camp pour se les disputer. Un joueur de A tire à son tour; il envoie la balle, s'il est habile, dans les endroits les plus faibles ou les moins gardés; il a tout intérêt à ce qu'elle ne revienne pas, car si après avoir été pelotée un certain nombre de fois, un joueur de B la renvoyait définitivement au delà de la première chasse établie, celui-ci ferait gagner quinze points à ses partenaires.

La première chasse étant jouée, on procède à la seconde de la même manière, puis on établit deux autres chasses.

Examinons les divers cas qui peuvent se présenter :

1° Le camp B a gagné les deux chasses : il possède trente points et le camp A n'en possède pas. Deux autres chasses sont établies : le même camp les gagne encore. Il a soixante points et le jeu est fini.

2° Chaque camp gagne une chasse au début; il se trouve donc en possession de quinze points; mais B remporte les deux chasses suivantes : il a alors quarante-cinq points et A quinze seulement. Dans ce cas, une seule chasse, appelée « chasse du jeu », est établie; B la gagne et le jeu est terminé.

3° Chaque camp possède trente points. On établit deux chasses; B les gagne et le jeu est fini;

4° L'un des camps, B par exemple, a quarante-cinq points et l'autre en a trente. Comme dans le deuxième cas, on établit une seule chasse; B la remporte et le jeu est fait.

5° Chaque camp a quarante-cinq points; alors on continue de jouer jusqu'à soixante-quinze points. Deux chasses sont donc établies. B les remporte et le jeu est fini.

6° Les camps ont, comme précédemment, quarante-cinq points; deux chasses sont encore établies et jouées; mais elles sont partagées et le jeu n'est pas plus avancé que précédemment : les camps ont encore quarante-cinq points et l'on continue d'établir et de jouer des chasses jusqu'au moment où l'un des camps arrive à posséder soixante-quinze points. C'est pourquoi certains jeux peuvent être disputés pendant une demi-heure et plus.

Nous avons supposé que la pelote tombait toujours dans les limites du jeu ; il n'en est pas toujours ainsi, et il arrive quelquefois qu'un jeu tout entier se trouve fait sans qu'il ait été établi de chasses, soit parce que le tireur a mis au-dessous de la corde ou en dehors du jeu.

LE BALLON FRANÇAIS.

Les règles du jeu de ballon sont, dans leurs grandes lignes, identiques à celles du jeu de longue paume, et nous n'aurons à relever que des différences de détail, dérivant de la nature spéciale de l'engin employé. Nous rappellerons sommairement les principes du jeu ; nous signalerons ensuite les règles particulières applicables au ballon, règles fort simples, d'ailleurs, et que des joueurs s'exerçant fréquemment auront vite fait de s'assimiler.

De même que pour la paume, il est indispensable d'avoir un terrain d'environ 70 mètres de longueur et de 13 à 14 mètres de largeur, limité longitudinalement par une raie tracée dans le sol et divisé en deux parties égales par une lanière transversale fixée à plat et qui se nomme : *la corde*. Une autre lanière, parallèle à celle-ci et distante de 24 à 26 mètres, indique le tiré ; c'est de là que le camp désigné à cet effet par le sort engage la partie, en tirant ou servant le premier coup.

PLAN D'UN JEU DE BALLON.

Raie.

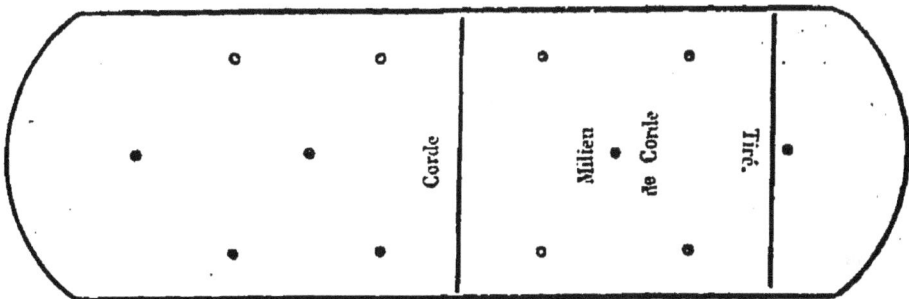

Chaque faute commise par camp donne 15 à son adversaire. L'un des deux camps ayant 45, si l'autre commet une faute, le premier gagne le jeu. Toutefois, si les deux camps arrivent en même temps à 45, le marqueur annonce : «A deux» et le jeu n'est gagné que par le camp qui fait commettre deux fautes *successives* à son adversaire. A la première le marqueur annonce *avantage* au camp non fautif: mais si celui-ci faisait à son tour une faute, les deux camps reviendraient *à deux*. Un jeu peut ainsi durer longtemps, si les forces des joueurs sont bien équilibrées. La partie est gagnée par le camp qui réunit le premier le nombre de jeux convenu, habituellement six.

Il y a faute, comme au jeu de paume :

Lorsque le ballon tombe hors des limites latérales du jeu;

Lorsque le joueur qui *sert* le premier coup ne lui fait pas franchir la *corde;*

Lorsque le ballon ne dépasse pas la chasse;

Et enfin dans certains cas spéciaux au ballon que nous verrons plus loin.

Le ballon, venant du camp adverse, se renvoie ou plus techniquement *se rechasse*, soit de *volée* (avant qu'il n'ait touché terre), soit après son premier bond. S'il ne peut être repris après ce premier bond, le joueur le plus rapproché l'arrête, et le marqueur vient enfoncer un piquet ou *chasse* à la hauteur du point où il a été arrêté.

Lorsqu'il y a deux chasses (une seule suffit lorsque l'un des deux camps a 45 ou davantage), les joueurs traversent et jouent là où les chasses dans les mêmes conditions qu'au jeu de paume.

La partie se joue régulièrement 6 contre 6, ou, à la rigueur, 5 contre 5.

Le ballon se renvoie soit avec le poing, soit avec le pied, soit même avec n'importe quelle partie du corps. Toutefois, il est interdit de le toucher *successivement* avec deux d'entre elles, et le joueur qui, par exemple, ayant reçu le ballon sur le bras, le renverrait avec la main ou le pied, ferait une *faute*, au même titre que si deux joueurs du même camp touchaient le ballon avant qu'il n'ait été renvoyé par l'autre camp.

On ne peut prendre le ballon avec les deux mains que pour l'arrêter, et faire une chasse après le deuxième bond. Tout joueur qui *présenterait* les deux mains et qui, *sans même toucher* le ballon de ses deux mains, le renverrait avec une seule ou avec tout autre partie du corps, ferait perdre 15 à son camp.

Les joueurs peuvent se trouver à tout moment, sans qu'il y ait faute, dans le camp de leurs adversaires. Mais il y aurait faute s'ils sortaient des limites du jeu; ils n'y sont autorisés que dans le cas où le ballon, tombant dans les limites, mais faisant son bond au dehors, l'un des joueurs en sort pour le renvoyer.

Les bonds du ballon étant plus longs que ceux de la balle, les joueurs ne sont pas tout à fait placés comme ceux de longue paume. Spécialement, les cordiers se tiennent un peu plus éloignés de la corde, et les demi-volées sont plus mobiles, se rapprochant du foncier ou des cordiers, selon les besoins.

Les joueurs s'enveloppent généralement le poing et une partie du bras avec une lisière large de deux doigts, qui amortit le choc, parfois un peu rude, du ballon.

LA CROSSE CANADIENNE.

I. Le *nombre* des joueurs est ordinairement de vingt-quatre, et doit toujours être pair, afin de se prêter à la division en deux camps, chacun sous le commandement d'un capitaine.

II. Le *matériel* se compose : 1° de quatre guidons de 1 m. 80 de haut, pour marquer les deux *buts*; 2° d'une *crosse*, par joueur, coûtant 9 à 10 francs; 3° d'une balle en éponge de caoutchouc.

La crosse est une combinaison du *Koumiou* breton et de la raquette française, constituée par une longue canne recourbée à sa partie inférieure et pourvue dans sa concavité d'un filet en cuir de bœuf qui forme une sorte de poche réticulée.

Cet outil se tient à deux mains. Il sert à rattraper la balle à terre, à l'arrêter à la volée, à l'emporter en courant, à la lancer vers le but adverse.

III. Le *terrain* est une esplanade quelconque, de préférence gazonnée, qui doit avoir au moins 60 mètres de long sur 30 mètres de large.

Aux quatre angles de l'aire mesurée au cordeau, on plante un piquet. Les deux grands côtés du parallélogramme s'appellent *lignes de côté* : les deux autres sont les *lignes de but*.

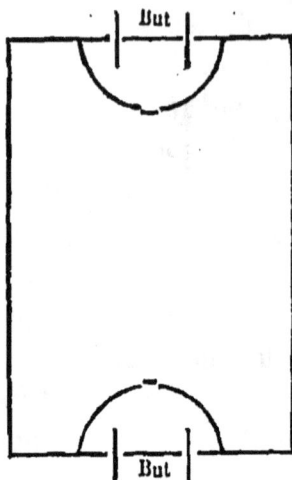

Les *buts* sont deux espaces de 1 m. 80 de long, marqués au milieu de chacune des lignes de buts par deux guidons de 1 m. 80 de haut.

Devant chaque ligne de but et à la distance de 1 m. 80, en prenant pour centre le milieu des deux guidons, on trace un demi-cercle qui s'arrête à la ligne de but. L'espace ainsi délimité de chaque côté s'appelle *cercle de but*.

IV. Il s'agit pour chacun des deux camps de faire passer la balle, *en la lançant à l'aide de la crosse*, entre les guidons du but adverse.

V. Une première règle très importante à observer est de ne jamais toucher la balle du pied ni de la main.

VI. Une autre règle essentielle est de manier la crosse avec adresse et courtoisie, en la tenant toujours au ras du sol, afin de profiter des occasions qui se présentent pour saisir la balle.

VII. Il est licite de frapper de sa crosse celle d'un adversaire qui emporte la balle dans le filet de la sienne; mais non de le toucher lui-même de ladite crosse, en aucun point du corps.

VIII. Au début de la partie, les deux capitaines tirent à pile ou face pour choisir leur camp.

On ouvre la partie en plaçant la balle au milieu de l'aire de jeu. Les capitaines prennent position des deux côtés de la balle, chacun entre elle et son camp; ils alignent leurs crosses parallèlement, de manière qu'elles soient couchées à terre sur le côté du bois (cette cérémonie s'appelle le *croisé*); puis, au signal d'un arbitre choisi d'un commun accord, ils les relèvent vivement et cherchent à s'emparer de la balle, pour l'envoyer dans le camp opposé.

Dès qu'elle a été touchée, tous les joueurs peuvent prendre part à la lutte et crosser, arrêter ou emporter la balle. Mais ils doivent, dans l'intérêt de leur camp, s'attacher à rester autant que possible au poste où les a placés leur capitaine.

IX. Cette règle devient un devoir absolu pour le joueur préposé de chaque côté à la garde du but.

Le gardien du but n'a pas plus que les autres le droit de saisir la balle pour la lancer. Mais il peut l'arrêter soit de la main, soit autrement, pour l'empêcher de passer le but.

X. Quand deux joueurs se disputent la balle à terre avec leurs crosses, la courtoisie exige que les autres évitent d'intervenir dans ce duel.

Mais quand un joueur a réussi à prendre une balle dans le filet de sa crosse et l'emporte en courant vers le but adverse, afin de la lancer quand il se trouvera à portée, tous ses adversaires ont le droit et même le devoir de courir après lui ou de lui barrer le passage, à condition de ne toucher que sa crosse de la leur.

XI. Au cas où la balle se loge en quelque endroit inaccessible à la crosse (dans un buisson, par exemple) ou bien franchit la ligne de côté, on a le droit de la prendre à la main; et alors celui qui l'a relevée la dépose à terre dans l'aire de jeu, pour recommencer avec son adversaire le plus proche le *croisé* initial.

S'il arrive que la balle s'embarrasse dans le filet d'une crosse, on la déloge en frappant la crosse sur le sol.

XII. Une partie se gagne en marquant trois points sur cinq.

XIII. On ne peut marquer un point qu'en faisant passer entre les poteaux du but adverse la balle partie de l'aire de jeu. Une balle lancée de la main ou du pied entre les poteaux de but ne compte pas.

XIV. Tout joueur qui en frappe un autre de sa crosse, même par mégarde, reçoit un premier avertissement; en cas de récidive, il est mis hors du jeu.

XV. Il est d'usage que les camps changent de côté après chaque partie.

LA BARETTE OU FOOT-BALL.

I. Le *nombre* des joueurs est variable de dix à quarante, mais doit toujours être pair, afin de se prêter à la division en deux camps égaux, chacun sous le commandement d'un capitaine.

II. Le *matériel* se compose de quelques pieux, perches, et guidons pour marquer les limites et le but, et d'un ballon ovoïde, de 0 m. 30 de diamètre sur 0 m. 38. Ce ballon doit être extrêmement solide pour résister aux coups de pied qu'il reçoit. Il est ordinairement fait d'une vessie de caoutchouc enfermée dans une forte gaine de cuir. Les meilleurs sont ceux qu'on se fabrique soi-même avec une vessie de porc qu'on fait envelopper par un cordonnier d'une gaine de *quatre pièces* de gros cuir de veau, fortement cousues, bordées comme un soulier de chasse et pourvues d'une ouverture lacée.

III. Le *terrain* est une esplanade quelconque, de préférence gazonnée. On y dessine avec des lignes, des pieux ou des guidons un parallélogramme de 150 mètres sur 65. Puis, on marque par une paire de poteaux plantés à 5 m. 50 l'un de l'autre, au milieu de chacun des petits côtés du rectangle, ce qu'on appelle les *buts*.

D'un poteau à l'autre, à 3 ou 4 mètres du sol, on tend une corde horizontale portant une banderolle en son milieu, et *par-dessus laquelle* doit passer la barette, pour que le coup soit bon.

Cette corde est une complication que négligent beaucoup de

joueurs sérieux, qui se contentent d'apprécier au jugé si la barette est passée à la hauteur voulue.

On peut même, à l'occasion, se passer de toute espèce de poteaux et guidons, en traçant simplement la figure sur le sol.

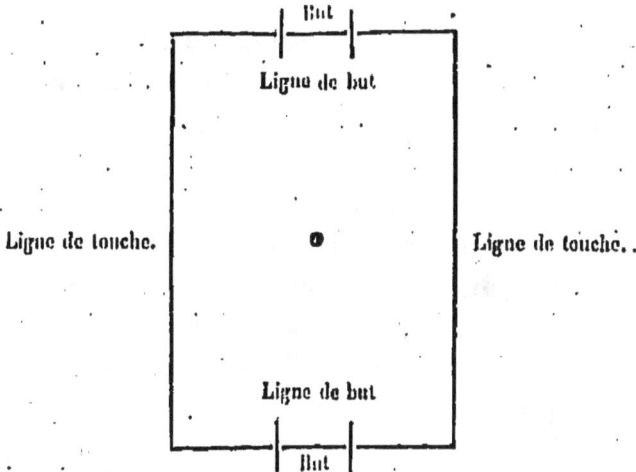

Les lignes marquant les deux petits côtés du parallélogramme s'appellent *lignes de but*. Celles qui dessinent les deux grands côtés sont les *lignes de touche*. L'intervalle qu'elles délimitent est le *champ*.

IV. Les joueurs se divisent en deux camps. On tire à pile ou face pour le choix du côté (celui du vent est le meilleur), et, le choix arrêté, les deux partis prennent position en avant de leur *but* respectif, pour le défendre et empêcher le ballon de le franchir.

A cet effet, les deux armées se placent en ordre dispersé, chacune avec son avant-garde, son centre et son arrière-garde.

V. Il s'agit, pour chacun des deux camps, d'arriver à envoyer la barette entre les poteaux et sur la corde du but adverse et de marquer ainsi un point.

La partie se compose habituellement de plusieurs reprises de trois points, dans un temps ordinairement fixé d'avance.

VI. La barette *ne doit jamais être lancée avec les mains*, quoi qu'elle puisse être saisie, emportée et déposée au but.

Il y a trois manières de la lancer :

1° En la posant à terre sur un bout, dans un petit creux du sol, et prenant élan pour la frapper du pied;

2° En la laissant tomber et la frappant du pied avant qu'elle ait touché terre;

3° En la laissant tomber à terre et la frappant du pied après son premier bond.

VII. Les joueurs en place, le capitaine du parti qui n'a pas eu le choix du côté pose la barette au milieu du champ et d'un coup de pied l'envoie vers le but adverse.

Jusqu'à ce moment l'avant-garde des deux partis doit être restée à la distance de 10 mètres au moins du ballon. Mais dès qu'il a quitté le sol, les évolutions sont libres.

Quand le ballon, du premier coup, franchit la ligne de touche, le coup est nul et doit être recommencé si la partie adverse l'exige.

Il en est de même si la barette est saisie par un adversaire derrière le but avant d'avoir touché terre.

VIII. La barette une fois lancée correctement, c'est-à-dire dans les limites du champ, l'objet propre du jeu est pour chaque joueur d'arriver à la faire passer derrière les deux poteaux du but adverse, ou tout au moins derrière la ligne de but, et pour cela tous les moyens sont bons, c'est-à-dire qu'on peut soit lancer la barette d'un coup de pied, soit s'en saisir et l'emporter vers le but.

D'autre part, les adversaires poursuivent le ravisseur, cherchent à lui couper le chemin, à l'arrêter, en un mot à le mettre dans l'impuissance de réaliser son dessein. Mais les traditions de la courtoisie française exigent que cette poursuite ne dégénère pas en pugilat, en luttes corps à corps et en bagarres, comme cela arrive trop fréquemment dans les pays de mœurs brutales et grossières. Celui qui atteint le fugitif se contente donc chez nous d'effleurer la barette en criant : *Touché !*

Aussitôt chacun s'arrête; la barette est posée à terre et l'avant-garde des deux partis, se plaçant en rond autour d'elle, épaule contre épaule, la face vers le centre, forme le « cercle ».

IX. — Le cercle se resserre, chacun pousse de son mieux mais est interdit de frapper volontairement la barette avec le pied ou de la saisir avec les mains, jusqu'à ce qu'elle sorte en roulant de la masse compacte des joueurs.

X. — Dès qu'elle est sortie, s'en empare qui peut et tâche de l'envoyer au but.

XI. — Les joueurs doivent toujours se tenir entre la barette et leur camp, faute de quoi, on crie : *En place !* et c'est encore un cas de « cercle ».

XII. — Un joueur qui court en emportant la barette, et qui se voit sur le point d'être pris, la lâche-t-il ou la lance-t-il autrement qu'avec le pied, on crie : *A faux !* et le camp adverse a droit au *coup franc*.

XIII. — A cet effet, un des joueurs de ce camp prend la barette et la frappe du pied, debout sur le sol, tous les autres se tenant à 6 mètres de distance au moins.

XIV. — Pour *faire le but* d'emblée, en courant avec la barette, il faut l'envoyer d'un coup de pied entre les poteaux à la hauteur voulue ; ou bien il faut contourner le but et venir déposer la barette entre les poteaux.

Ordinairement, le coureur qui emporte la barette n'arrive d'abord qu'à lui faire toucher terre au delà de la ligne de but.

C'est ce qu'on appelle gagner un *avantage*, parce qu'on acquiert ainsi le droit de frapper un *coup franc* vers le but.

XV. — Toutes les fois que la barette a passé la ligne de but, qui peut la saisit et lui fait toucher terre le premier, ce qui lui donne droit au *coup franc*.

Si celui qui l'a saisie appartient au camp de ce côté, il fait vingt-cinq pas vers le camp adverse et frappe son coup dans le même sens.

Au cas contraire on marque seulement quinze pas, et naturellement, le coup est envoyé vers le but auquel on a tourné le dos en mesurant ces quinze pas.

XVI. — S'il arrive que la barette soit lancée hors de la *ligne de touche*, qui peut la relève et se place au point où elle a franchi la limite. Tous les autres de son parti se rangent face à face devant lui, sur deux lignes, de manière à former une sorte de couloir vivant. Lui, saisissant bien son moment, il fait toucher terre à la barette et vivement l'envoie à l'un des siens, ou bien; après une feinte, il l'emporte en courant vers le but, tandis que les adversaires surveillent les joueurs du couloir.

XVII. — Tout joueur qui saisit et arrête la barette à la volée a droit à un coup franc.

XVIII. — Pour marquer un point il faut avoir fait passer correctement la barette dans le but adverse, selon les conventions arrêtées.

Quand le but a été franchi incorrectement, c'est-à-dire quand la barette passe plus bas qu'il n'a été convenu, on compte seulement une *touche*, c'est-à-dire un quart de point.

XIX. — Les deux camps changent habituellement de côté au milieu du temps assigné à la partie.

LE RALLYE-PAPER (OU LIÈVRES ET LÉVRIERS).

C'est un jeu de vitesse et d'endurance à la course. Il faut donc s'y préparer par un entraînement graduel et régulier, si l'on veut se mettre en état d'y faire figure. La course est généralement de 7 à 8 kilomètres au moins, à travers champs.

I. — Le *matériel* se compose exclusivement de trois ou quatre sacoches de rognures de papier préparées à l'avance. Il est donc aussi peu coûteux que possible. Mais une course de 7 à 8 kilomètres donne bien quelques droits à un goûter substantiel : c'est une dépense à peu près obligatoire à faire entrer en ligne de compte.

Le *terrain* qui convient le mieux est une plaine ou une vallée boisée et accidentée, coupée de ruisseaux ou de fossés, voire de murs et de haies, en tout, cas d'obstacles qui augmentent la difficulté pour les coureurs et les exercent au saut en même temps qu'à la vitesse.

Il est essentiel aussi que le point de départ puisse être regagné par plus d'un côté et serve de point d'arrivée. Un village, une place formée par un carrefour, à proximité d'une auberge, conviennent parfaitement.

II. — Quatre ou cinq coureurs, choisis parmi les plus agiles, partent en avant avec les sacoches. Ce sont les *lièvres*.

Ils vont semer les morceaux de papier sur leur route, de manière à laisser une trace, trace qu'ils couperont de distance en distance par de « fausses pistes », des boucles, des retours en arrière, de manière à faire prendre le change, s'il est possible, à ceux qui les suivent. Toutefois, ces difficultés doivent être distribuées avec discernement et discrétion, et surtout avec loyauté, sous peine de rendre la course impossible ou par trop difficile, et de gâter le jeu.

III. — Un quart d'heure après le départ des *lièvres*, les *lévriers* se mettent à leur poursuite.

Il s'agit, pour chaque lévrier, de suivre intelligemment la piste, de la retrouver s'il l'a perdue, de corriger sans délai toute faute commise, et en même temps de conserver une bonne allure, de ménager son souffle, enfin d'arriver le premier au but marqué par les sacoches vides.

LE DRAPEAU.

On choisit deux emplacements qui seront les deux camps et on se partage en deux troupes égales, d'une vingtaine d'écoliers chacune. On tire ensuite au sort à quel camp sera réservée la garde du drapeau; ce camp sera celui des *défenseurs*, et l'autre s'appellera camp des *assaillants*. Le chef du camp des assaillants choisit alors parmi ses soldats un *cavalier* qui portera sur lui un signe distinctif bien apparent et dont le rôle sera très important dans la partie.

Le cavalier est investi du privilège de prendre les défenseurs sans pouvoir être pris lui-même. Son rôle est de protéger l'attaque du camp des assaillants auquel il appartient et, pour cela, il cherche à éloigner du drapeau qu'il s'agit d'enlever les défenseurs sur lesquels il a droit de prise et dont il n'a rien à redouter.

Les défenseurs, de leur côté, ont droit de prise sur tous les assaillants, à l'exception du cavalier, tandis que les assaillants n'ont pas droit de prise et n'ont d'autre objectif que d'atteindre le drapeau sans se laisser toucher. Pour *prendre* un ennemi, il suffit de le toucher avec la main sur n'importe quelle partie du corps ou des vêtements.

Avant d'engager la lutte on désigne un troisième camp, sorte d'ambulance où devront se réfugier tous les prisonniers, et la partie commence.

Le chef du camp des défenseurs plante le drapeau à six ou huit pas en avant de son camp, et dispose six de ses hommes de façon à faire face de tous côtés aux assaillants, laissant le reste en réserve à l'intérieur du camp. C'est alors que le cavalier s'avance et, après avoir touché la hampe du drapeau, court sur les défenseurs et tâche de les éloigner, pendant que le chef du camp assaillant, combinant son attaque avec la tactique du cavalier, lance ses soldats à l'assaut du drapeau qu'il s'agit de prendre et d'emporter dans son camp.

Pour que la prise du drapeau soit valable, il faut que l'assaillant qui l'emporte arrive à son camp sans être touché par un défenseur.

Les assaillants peuvent faire parvenir le drapeau à leur camp en se le passant de l'un à l'autre, sans avoir toutefois le droit de le lancer de loin.

Les assaillants peuvent se réfugier dans le camp des défenseurs et tant qu'ils y restent ils ne peuvent pas être pris; mais, dès qu'ils le quittent, les défenseurs reprennent leur droit et peuvent les prendre à la sortie.

A mesure que les défenseurs du drapeau sont pris par le cavalier, leur chef les remplace par d'autres soldats : il remplace aussi, quand il le juge nécessaire, les défenseurs fatigués. Les assaillants se relèvent de même et changent souvent leur cavalier.

La partie est terminée soit quand le drapeau est enlevé, ce qui fait triompher le camp des assaillants, soit quand les assaillants ont perdu la moitié de leurs soldats, ce qui donne la victoire aux défenseurs.

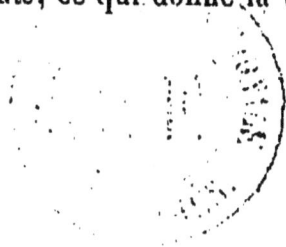

APPENDICE.

APPENDICE.

CONTRÔLE DES RÉSULTATS OBTENUS AU MOYEN DES MENSURATIONS.

———

Les résultats individuels de l'éducation physique doivent, en définitive, se manifester par des choses tangibles.

C'est un gain de force musculaire et une répartition économique de cette force. C'est une résistance plus grande à la fatigue qui se manifeste par un travail musculaire plus longtemps soutenu sans essoufflement ni troubles de la circulation.

Ce sont une marche et une course de résistance plus durables, une course de vélocité plus vive. Ce sont des sauts plus hauts et plus longs, des chutes plus assurées. C'est une habileté à grimper ou à franchir des obstacles; une adresse plus grande à lancer des projectiles; une aptitude meilleure à se mesurer avec un adversaire.

Ce sont enfin des modifications extérieures du corps; une harmonie et une élégance de formes, ainsi qu'une aisance parfaite dans les mouvements, même dans les mouvements respiratoires qui deviennent plus amples et moins fréquents.

Toutes ces modifications peuvent se préciser, quelques-unes peuvent se mesurer facilement.

Il serait très utile de réunir des documents exacts sur le perfectionnement physique des enfants pendant leur séjour à l'école.

Ce serait un contrôle des résultats obtenus et le seul moyen de se prononcer, sans parti pris, sur la valeur relative des différents exercices au point de vue du développement, c'est-à-dire sur le fond même de la méthode.

Tant que l'on ne sera pas fixé sur les effets et l'utilité de certains exercices, on ne saurait être autorisé à faire prévaloir un système de gymnastique plutôt qu'un autre.

L'éducation physique doit cependant se perfectionner sans cesse, les manuels seront à remanier et la tâche de ceux qui seront chargés de ce travail de revision sera singulièrement facilitée, si l'on a alors sur les résultats obtenus des données précises et si l'on peut asseoir les réformes non plus sur des opinions mais sur des faits.

C'est dans ce but que l'on trouvera réunies dans le tableau suivant les mensurations les plus simples et les plus utiles à prendre.

IMPRIMERIE NATIONALE.

Commune de
École de...

Le

189 .

1er TABLEAU.

NUMÉROS D'ORDRE.	NOMS.	PRÉNOMS.	ADRESSE.	AGE.	TAILLE.	LONGUEUR DES MEMBRES INFÉR.	POIDS.	CIRCONFÉRENCE THORACIQUE INFÉRIEURE.		CIRCONFÉRENCE ABDOMINALE.	DIAMÈTRES MAXIMUMS DU THORAX.				CAPACITÉ RESPIRATOIRE MAXIM.	OBSERVATIONS sur l'état de santé, la force, le développement musculaire. Nature des exercices auxquels s'adonne l'élève plus spécialement. S'il sait nager.
								Exp.	Insp.		ANT. POSTÉRIEUR.		TRANSVERSE.			
											Exp.	Insp.	Exp.	Insp.		

2e TABLEAU.

NUMÉROS D'ordre.	NOMS.	COURSE [1]		VI-TESSE	SAUTS				OBSERVATIONS sur l'état des coureurs à l'arrivée et sur la stabilité du point de chute dans les sauts.
		LONGUEUR du parcours.	DURÉE du parcours.		DE PIED FERME.		AVEC ÉLAN.		
					Hauteur.	Longueur.	Hauteur.	Longueur.	

[1] Les courses de vélocité ne dépasseront pas 100 mètres.

Vu :

Le Directeur,

Signature :

INDICATIONS RELATIVES AUX MENSURATIONS.

———

La taille et la longueur du membre inférieur se prennent du même coup, en notant sur la toise, en même temps que la hauteur de la tête, celle du grand trochanter au-dessus du sol.

La circonférence du thorax se prend au moyen du ruban métrique dans un plan horizontal, après une expiration et une inspiration profondes.

La circonférence abdominale se prend au moyen du ruban métrique dans un plan horizontal et au niveau de l'ombilic.

Les diamètres thoraciques se prennent au moyen d'un compas d'épaisseur spécial, à la hauteur de la pointe du sternum et dans un plan horizontal, après une expiration et une inspiration profondes.

La capacité respiratoire se prend au moyen du spiromètre, entre les phases extrêmes d'une inspiration et d'une respiration profondes.

Les mensurations pourront porter sur un groupe restreint d'élèves, à la condition que l'on conserve sensiblement dans ce groupe la proportion des éléments variés que présente l'ensemble.

www.ingramcontent.com/pod-product-compliance
Lightning Source LLC
Chambersburg PA
CBHW070743270326
41927CB00010B/2080